AF248417

DE LA
DÉMOCRATIE

ET DE LA

DÉCENTRALISATION EN FRANCE

PAR

M. SIMON.

Quand la contradiction gouverne, le bon sens
est révolutionnaire.

PARIS

IMPRIMERIE DE MARC DUCLOUX ET COMP.,

RUE SAINT-BENOIT, 7.

En Vente,
RUE TRONCHET, 2.

1849.

TABLE DES MATIÈRES.

À Monsieur Émile de Girardin.

Vous êtes un homme fort, Monsieur, trop fort peut-être pour être populaire; la popularité ne suit guère que la force qu'elle donne, et vous vous suffisez de la vôtre : seulement il est à regretter que vous jetiez cette force dans le transitoire du mouvement journalier; on aimerait mieux vous savoir à l'œuvre comme homme d'État que de vous voir à la tâche comme journaliste. Quelle différence de devoir s'embarquer sur l'événement, quel qu'il soit, et de raisonner à son bord, ou debout sur le rivage, de le juger et de lui dire : tu n'es qu'une surprise, tu n'es qu'une ombre, tu n'es qu'un mensonge, passe; la vérité n'est pas là, et je ne me donne qu'à ce qui reste, qu'à ce qui dure. Et quoi peut durer aujourd'hui? Je le crois comme vous, Monsieur, rien que le gouvernement logique.

Nous sommes en république, en pleine démocratie, et la forme importe peu. Quelle qu'elle soit, la société est régulièrement possible; quelle qu'elle soit, elle a en elle un principe de vie et une volonté de conservation. Il suffit de trouver ce principe et de réagir par cette volonté. En démocratie, hommes et choses, il faut tout demander à la démocratie. Sous le régime de la liberté, l'ordre, la force, la stabilité, il faut tout voir dans la liberté, dans la liberté pleine, entière, illimitée. Alors l'abus, sans motif et sans sympathie, se montre ce qu'il est et meurt d'isolement et d'impuissance. La presse, les réunions, les clubs ne peuvent rien du moment qu'ils ne peuvent pas promettre plus de liberté, un état de choses plus libre. C'est ce qui est refusé, c'est la partie de la liberté atteinte, laissée en dehors, qui est un danger, et se fait le noyau et le ferment de toutes les passions hostiles.

Certes, nous ne sommes pas assez riches pour nous calomnier, et il est juste de dire qu'au nom du désordre, pour le désordre, on ne réunirait pas en France quelques milliers d'individus. Mais au nom d'un principe de liberté repris, contre un gouvernement, à tort ou à raison dit réactionnaire, il sera toujours facile de précipiter une partie du pays sur l'autre. Ce qu'on dit contre la liberté illimitée, on a pu le dire contre chaque degré de la liberté; et, sans doute, l'expérience était plus hasardeuse, il y avait plus grand risque à faire le premier pas, à donner la première liberté, qu'il n'y en a à lui laisser sa dernière expression, à l'accepter entière. Le fait est que nous n'osons pas; nous n'avons pas le courage de notre raison : nous avons peur d'être ce que nous sommes; nous ressemblons à ces magiciens du moyen âge qui reculaient devant le géant qu'ils avaient évoqué. La liberté illimitée, à nos yeux, c'est la révolution renaissante, continue; nous croyons, nous au contraire, qu'elle serait sa vaccine, qu'elle serait sa fin. C'est la liberté inquiète, comprimée, qui fait les révolutions; et lorsqu'on l'a toute, on ne se révolutionne pas pour en avoir davantage.

Tout cela se fait vieux, et l'on porte la question sur un autre terrain. On dit : Le socialisme veut le renversement, et il veut la liberté illimitée comme moyen de renversement. Oui, tant qu'il la demande, que vous lui laissez l'occasion de la demander; mais obtenue, elle se tournerait contre lui; obtenue, il faut s'expliquer, jeter le masque et dire nettement ce qua l'on veut; et quoi qu'il veuille, le socialisme alors a le prétexte de la liberté de moins. La question politique ne déguise, ne couvre plus la question sociale; la société est en présence d'une doctrine qui lui dit : A nous deux; laissez-moi faire, je vais vous retourner pour que vous soyez mieux.

Si, dans sa nudité, le socialisme est encore menaçant, le mal vient d'ailleurs; il faut en conclure qu'il est l'exagération de quelque chose de vrai, qu'un principe de vérité fait sa force; et pour tuer l'exagération, il faut satisfaire le principe; ce n'est plus une question de liberté.

La voie logique nous effraie : nous voulons arriver à l'ordre et à la stabilité par un gouvernement que, selon la circonstance, nous demandons ou fort ou modéré. Or, force et modération chez nous se confondent aisément avec violence et faiblesse. Quand le gouvernement est fort dans nos idées, c'est qu'il passe pardessus; et lorsqu'il se dit modéré, il passe par dessous. Au fond, il n'y a là qu'un gouvernement de composition, de contradiction; et comme un gouvernement de contradiction veut nécessairement mal, l'opposition vis-à-vis de lui finit toujours par avoir nécessairement voulu trop : et ainsi nous n'arrivons régulièrement à rien, et nous tombons violemment à tout. Dès que la contradiction gouverne, le bon sens est révolutionnaire. La logique est la raison de la démocratie, et dans la démocratie à suffrage universel, la liberté est un fait qui n'a pas de plus ou de moins, et qui porte en lui, comme l'atmosphère et l'océan, ses conditions naturelles de pondération.

Vous soutenez ces vérités, Monsieur, envers et contre tous, avec une énergie, un courage, un talent, une supériorité d'argumentation, et une vigueur, une netteté d'esprit, qui font de votre journal une véritable mission patriotique; et je ne crains pas de dire que vous rendez plus de services au pays que son gouvernement, car vous le mettez à même de vouloir et de se donner l'unique gouvernement qui puisse le satisfaire et l'arrêter : le gouvernement de la liberté pleine, illimitée, le gouvernement logique, le seul suffisamment légal aujourd'hui.

Vous devez au moins de la reconnaissance à la république, Monsieur ; vous êtes le seul homme auquel elle n'ait rien pris, et à qui elle ait beaucoup donné. L'air du forum vous a grandi. Il est des forces qui sont à l'étroit dans la monarchie ; là, l'esprit qui voit tout, veut trop ; on le craint, on le repousse, il est un danger. Encore aujourd'hui, vos amis de ce côté et qui ont profité de votre influence, la traitent de funeste ; vous ne serez jamais rien avec eux ou par eux. A l'autre extrémité, vos adversaires n'ont trouvé qu'un moyen d'avoir raison contre vous : ils vous ont empêché de parler. Ainsi vous avez toujours des ennemis, mais aussi vous avez toujours plus de lecteurs, et chaque jour il devient plus difficile de gouverner contre vous. En France, les révolutions changent les choses, et ne changent pas les esprits ; nous voulons toujours tout gouverner ; nous voulons des lois contre tous, comme nous en faisions contre quelques-uns, et cette lutte de la liberté avec elle-même ne laisse tristement espérer que cette sorte d'ordre matériel qui est la veille du désordre. La situation ne peut pas s'asseoir ainsi, elle n'est pas gouvernementale. Il faut, en dernier lieu, ou que la nation se désiste de toute prétention à se gouverner elle-même, et s'affaisse dans l'indifférence des intérêts secondaires, ou que le gouvernement arrive et se fixe à n'être que ce qu'il peut être. Or, en France, on se lasse, on ne se dégoûte pas ; rien de plus opiniâtre que notre légèreté française ; nous voulons, et nous voudrons toujours : seulement, chez nous, il faut du temps et de la patience à toute la vérité. A cet égard, nous sommes comme les Juifs de Moïse ; nous avons la tête dure. Ne vous lassez donc point, Monsieur. On a dit d'un écrivain célèbre, publiciste comme vous, qu'il abrégeait tout parce qu'il voyait tout; si de nos jours, si dans nos circonstances aussi, il suffit de tout voir pour abréger quelque chose, vous êtes l'homme le plus propre à nous épargner peut-être bien des mécomptes encore et d'amères complications.

PREMIÈRE PARTIE.

INTRODUCTION.

La France peut-elle être république? Si nous nous bornions à répondre : Non, la France ne peut pas être république, nous paraîtrions impliquer isolément cette forme politique, et ce n'est pas notre opinion. Nous disons donc que, telle qu'elle est, la France ne peut pas être la république, pas plus qu'elle ne peut être autre chose, qu'elle ne peut être la monarchie. La France est sortie des conditions de tout gouvernement régulier dans l'esprit et dans la mesure de ce qui a été jusqu'ici. Elle a échappé aux idées d'ordre et aux intérêts de pondération de la vieille société. La question de vie nationale, de vie d'ensemble, n'est plus simplement politique, elle est sociale; le fond a réagi sur la forme; il ne s'agit pas d'être mieux comme on était, il y a nécessité d'être bien autrement.

A part les motifs communs, généraux, qui ont agi sur ce pays comme partout, qui l'ont repoussé des errements du passé, nous nous arrêterons sur la cause plus spécialement locale, différentielle, sur la disposition politique particulière à ce pays, qui a facilité, qui a rendu la réaction sociale plus vive, plus prompte, plus dissolvante, et a jeté inévitablement la France dans une anarchie qui, à tout prix, veut être créatrice. Nous verrons ensuite de préjuger quelle peut être l'issue possible de cet état de choses.

CHAPITRE I.

DU CHRISTIANISME EN POLITIQUE.

Les idées nouvelles s'appuient du Christianisme. Sans doute dès son apparition, le Christianisme, dans des conditions nouvelles, a été le principe et est resté le ferment de notre civilisation.

Dans l'homme de la nature, il n'y a encore que l'homme possible. La religion a toujours eu pour mission d'extraire, de féconder cet homme possible. Le Christianisnisme surtout, plus direct, plus exclusif, a voulu et a obtenu plus absolument ce résultat. Le Christianisme suppose l'homme moral; il le voit tout dans son âme, dans sa vie intérieure, dans la moralité de son moi, et, dans cette condition, il a consacré le fait de son égalité. Les chrétiens sont frères, sont fils du même Dieu; égaux dans l'inexorable communauté du péché, égaux par le baptême, égaux par l'espérance, aucun avantage personnel, aucun accident de la vie ne peut atteindre ce caractère de fraternelle égalité. Pour les chrétiens, l'inégalité ne commence qu'à la mort.

Une religion qui voyait l'homme de la sorte, qui, sans distinction, sans exception, jetait l'humanité tout entière sous le niveau de son dénûment et de son insuffisance propre, qui mesurait les mérites et les préférences, non plus de l'homme à l'homme, mais de l'homme à Dieu; qui disait : Les premiers seront les derniers, et les derniers seront les premiers; qui sanctifiait la souffrance, glorifiait la pauvreté et désenchantait la fortune, cette religion changeait le point de vue, l'esprit et les tendances de la société. Le monde extérieur, portant l'empreinte du caprice et de la passion, avec ses violentes inégalités et ses injustes prétentions, restait un fait rebelle, une anomalie pénible au principe chrétien. L'action de ce principe tendait à miner l'anomalie; du cœur, l'esprit du Christianisme devait passer dans le raisonnement, et de l'homme dans les choses; la société civile était atteinte.

CHAPITRE II.

SUITE.

Il est arrivé à chacun de nous, après la lecture de l'Évangile, sous son inspiration, encore pleins de son esprit, de le suivre non pas seulement dans ses espérances au dedelà cette vie, mais dans ses conséquences, dans ses applications sur la terre. Nous avons été étonnés de voir que son action, son influence, s'arrêtait à l'individu, à la famille, et que plus loin, plus haut, dans l'État, il n'était qu'une forme et une appellation convenue. Nous avons cherché à nous rendre compte de cette pénible contradiction; nous avons dit : Un état chrétien serait-il non réalisable? L'obstacle viendrait-il de l'imperfection des choses, de la nature irrémédiable de l'homme? Alors le Christianisme serait incomplet; il serait une utopie d'autant plus cruelle qu'elle est plus sympathique; il serait personnel, une vérité au petit pied, purement spéculative et propre seulement à faire de l'existence chrétienne dans la vie sociale, le supplice de ce païen de la fable qui touchait l'eau et ne pouvait étancher sa soif. Non, cela ne peut être; ce qui est une vérité pour l'homme ne saurait être une contre-vérité pour les hommes. Le vice n'est pas dans la chose, dans le principe, il vient du monde extérieur, de l'institution; il vient de ce que la société politique, plus ancienne que le Christianisme, a simplement composé avec lui, et l'a reçu à sa convenance, dans son intérêt, extérieurement, partiellement, pour être elle-même mieux, et non pour que tout fût bien; elle a passé au Christianisme, mais elle n'est pas entrée, ne s'est pas assise, ne s'est pas fondée dans son esprit. La société politique, en un mot, n'a point été suffisamment chrétienne.

Voilà bien véritablement la conclusion où nous sommes arrivés. Or, cette contradiction entre le principe et le fait, entre l'esprit chrétien et l'état social, devait tendre incessamment à s'amoindrir. Chaque progrès de la raison dégageait la vérité et fomentait son triomphe. L'idée chrétienne se retrouvait sous toutes les formes de l'amélioration sociale : justice, humanité, bienfaisance, philanthropie, préoccupation des classes infimes, amour du peuple, même au milieu de l'indifférence pour le dogme et pour le culte extérieur, n'étaient que l'application partielle et l'expression amoindrie de l'esprit chrétien.

CHAPITRE III.

SUITE.

Si notre civilisation est si supérieure à celle des anciens, il ne faut voir les motifs de cette supériorité, nous le croyons, que secondairement dans une application plus large de l'intelligence, dans plus de lumière, plus de science, dans les résultats positifs enfin. Les Chinois avaient connu la boussole, l'imprimerie et la poudre à canon. Peut-être, si on enlevait tout à la terre, et qu'elle ne retînt que l'esprit du Christianisme, n'y aurait-il que du temps perdu ; le progrès n'est complet que par l'homme moral. Très probablement, sans l'esprit du Christianisme, les lumières, la science, l'intelligence appliquée eussent inspiré autre chose et tendu vers un autre monde. Privée de notre point de départ, de ce principe, de ce ferment générateur à base d'égalité, de fraternité, à caractère universel, un, identique, incessant, dans tous les temps et dans tous les lieux voulant toujours de même la même chose, toujours et partout sollicitant tout l'homme possible dans l'homme de Dieu, il est à croire que la civilisation fût restée locale, personnelle, sans sympathie, sans solidarité, et stationnaire ou rétrograde sous l'action des causes secondes. La raison humaine purement spéculative, laissée à ses seules inspirations, à ses seules forces, eût reculé devant la simplicité et les conséquences du Christianisme; elle eût désespéré dans ses conditions d'avoir à satisfaire tout le monde de la même manière, et de rester une, au sein de tant de différences, de contrastes et de variété de choses et de personnes. Le Christianisme seul pouvait ne pas craindre la fusion, l'égalité et l'unité d'impulsion de tant d'oppositions et d'inégalités; seulement devant lui, la société humaine pouvait s'avancer de front comme un seul homme.

Ainsi, pour la grande civilisation, pour la haute politique, le Christianisme a été aussi une révélation. La cause première, différentielle de notre supériorité, est dans le caractère moral et religieux de notre civilisation, dans le principe et dans l'esprit de nos croyances. Le Christianisme saisit l'homme, image et créature de Dieu. Image de Dieu, le corps, l'homme physique, n'est qu'une figure, qu'un accident, sans mérite; la créature de Dieu est toute dans son âme. Le Christianisme appelle cette âme par le baptême, il la sanctifie à la vie, et la nourrit du sentiment de sa noble origine, et de sa plus noble destinée. Le Christianisme est l'école primaire de l'âme au berceau. L'être créé se fait double; homme, son esprit est divers, sa condition différente, sa chair plus ou moins parfaite; il est semblable sans être pair; mais Chrétien, par son âme, par sa partie impérissable, par le moi seul aperçu de Dieu, il vibre l'égalité, il est autant que son maître, il est l'égal de tout le monde.

Il est aisé de concevoir ce que ce principe d'égalité, d'identité, d'individualisme, d'importance propre, aidé du temps et du développement successif des facultés rationnelles, devait jeter de mouvement, de généralité, de sympathie, d'inquiétude et de progrès dans la société chrétienne. Jusque-là, l'existence avait été l'expression aveugle du sort; le Christianisme ne laissait au sort que ce qu'il ne pouvait pas lui enlever.

Chez les anciens, au contraire, la religion tout extérieure n'était qu'une cérémonie de la vie, et ne dépassait pas la terre; les Champs-Elysées étaient la poésie de la terre. La religion avait là le caractère d'une opinion locale, comme le patriotisme, et même moins déterminante; on s'immolait à la patrie, on n'était pas le martyr de sa foi. Point de ferveur, de sympathie, de fraternité humaine; point de secousse et de retour religieux de l'âme sur elle-même. On naissait esclave ou citoyen, et l'on mourait esclave ou citoyen sans avoir été homme. Il manquait à cette civilisation l'absolutisme de l'âme, le principe humanitaire qui ne pouvait être la conséquence que du Christianisme. — Ainsi, s'il y avait chez les anciens des séditions, des révoltes, elles avaient un esprit restreint, une portée isolée; c'était pour des motifs spéciaux, ou pour des intérêts de lieux ou de personnes; c'étaient des convulsions du corps. La société chrétienne seule s'est levée au cri de l'âme humaine, au nom de l'humanité, du droit et de la justice éternelle. Le paganisme avait des séditions; le Christianisme a eu des révolutions.

CHAPITRE IV.

SUITE.

Depuis tant de siècles, depuis que l'idée chrétienne a pu inspirer la raison naissante, l'inquiétude, la réaction populaire, au fond, a été une volonté de redressement, une tendance de l'esprit chrétien. Esclavage, féodalité, coutumes et lois barbares, tout est tombé sous la révolte de cet esprit, ou, si l'on veut, sous le coup de la civilisation, de la civilisation parce qu'elle était chrétienne. Que disaient, que voulaient en réalité ces populations émues? Elles voulaient moins d'inégalité, plus de justice, plus de vérité chrétienne dans l'ordre de choses qui pesait sur elles. Elles se soulevaient sous la contradiction de l'instruction chrétienne qu'on leur donnait dans l'enfance et de l'application païenne qu'on en faisait dans la vie. Elle protestait contre cette dérision cruelle qui dans l'Église donnait au peuple le nom de frère, et hors de l'Église lui refusait sa qualité d'homme. Sous la forme du désordre, ce qui s'agitait ici, c'était bien véritablement l'instinct du droit, de l'humanité, c'est-à-dire l'idée chrétienne. Depuis Pierre le Grand, malgré les reproches de violence et de barbarie qu'on lui adresse, lorsque la Russie abolit la vente de l'homme par l'homme; quand d'un esclave elle fait le semblable de son maître, qu'elle rapproche les solutions de continuité, resserre l'exception, généralise le droit commun et tend à donner des intérêts identiques, ce n'est pas seulement de la civilisation qu'elle fait, c'est de la bonne liberté, de la bonne égalité, de la bonne fraternité; elle fait du Christianisme[1].

(1) Disons, en passant, que notre manière de juger la Russie est souvent une contradiction. La question politique y recouvre dans notre esprit la question sociale; nous ne voulons voir là qu'une puissance militaire menaçante, qu'un pouvoir politique sans bornes; mais derrière cette armée et derrière ce pouvoir il y a une société, il y a un état, un travail social.

Dans son action sociale, la Russie veut autrement, par d'autres moyens que nous; et il se peut, à un degré moindre, dans des conditions différentes, que ce soit pour faire la même chose. Nous voulons la liberté politique; elle cherche la liberté civile. Nous demandons l'égalité; elle tend à l'inégalité moindre, et à cet égard, lorsque d'un serf elle fait le semblable de son maître, il y a plus grand avancement, plus grande nouveauté, que lorsqu'ailleurs, là loi, d'un ouvrier fait l'égal d'un ministre. Depuis soixante ans nous parlons de progrès, d'améliorations, d'avancement humanitaire, et déjà avant qu'on en parlât dans le monde, déjà depuis sa régénération commencée, la Russie n'a pas fait autre chose; seulement quand on la juge, il ne faut pas oublier d'où elle est partie, et depuis combien de temps elle est partie; dans cent ans elle a traversé dix siècles. Ceci oblige à voir le pouvoir absolu chez elle comme une chose exceptionnelle que les opinions de progrès et de civilisation ne peuvent guère atteindre sans contradiction. Le pouvoir absolu dans ce pays n'est pas un caprice, une violence gratuite, une usurpation étroite; il est une institution, il est la condition la plus logique du progrès. Le régime légal n'est pas assez pour la Russie; s'il n'y a pas là quelque chose au-dessus de la loi, l'État tombe dans l'anarchie. Que la nation russe controverse la question des moyens à son point de vue, c'est là un accessoire pour nous; nous sommes l'histoire pour ce pays, et nous ne devons juger et nous arrêter que devant les résultats.

On a longuement controversé et contesté le génie et l'œuvre de Pierre le

CHAPITRE V.

SUITE.

Ainsi, en changeant nos croyances, en soumettant l'homme positif à l'homme moral, le Christianisme a changé nos idées, nos motifs, nos volontés ; il a moralisé nos intérêts, donné une base nouvelle au droit, à l'autorité, et imprimé à la loi un caractère humanitaire. Les persécutions dont il fut l'objet aux premiers siècles, témoignent assez de sa réaction rénovatrice sur la société politique. Dès son apparition l'idée chrétienne a été une régénération sociale progressive ; ce que nous sommes est la conséquence de dix-huit siècles de vie, d'essais, de luttes et de destructions successives. L'esprit du Christianisme est l'esprit d'amélioration, d'incessante aspiration vers tout le bien réalisable qui est lui-même la dernière expression de l'ordre ici-bas. Tant qu'il y a une mesure de mal qui vient de l'homme et remédiable par l'homme, le Christianisme n'a pas accompli sa tâche. Mais cet esprit se développe dans un être limité, fini ; il reste donc dans la mesure et dans les conditions

Grand ; or, à tous les raisonnements qui, depuis un siècle, lui prouvaient qu'elle était impossible, à toutes les prédictions qui proclamaient son avortement, qu'a répondu la Russie ? Comme le philosophe de l'antiquité, elle a marché. Presque tous ceux qui l'ont jugée ont pris l'effet du remède pour l'action du mal, ils n'ont pas vu que le corps suppure parce qu'il guérit, et que la barbarie sort parce que la civilisation pénètre.

de sa nature bornée ; il peut la purifier, il ne veut
pas la changer ; dès lors, il ne cherche pas le bien
absolu, mais seulement le mieux relatif. Ses grandes
influences doivent se retrouver dans le principe et
dans les directions de l'état social ; il doit l'inspirer
d'en haut, et là, demander à l'amélioration continue la
répartition meilleure et l'inégalité moindre. L'action
religieuse ne peut pas ici faire davantage. L'Évangile
n'a pas un monde positif ; il est une influence, il n'est
pas une forme. Les hommes sont semblables par la
nature, doués de facultés et d'aptitudes identiques ;
citoyens, ils ont des droits et des facilités égales devant la loi, mais ils ne sont radicalement égaux que
chrétiennement, que dans un ordre d'idées qui n'est
pas de ce monde. Le sentiment de cette égalité devant Dieu doit rester sur la terre comme un avertis-
sement, et non pas comme un fait positif. Richesse
et pauvreté sont choses relatives. Dans le pauvre,
l'Évangile sanctifie la souffrance, et dans le riche, il
ne frappe que l'égoïsme et le mauvais emploi. Mais
il ne dit pas qu'il suffit d'être pauvre pour avoir raison, ni d'être riche pour avoir démérité. D'homme à
homme, la fraternité reste un compte privé de responsabilité propre. L'État ne peut connaître que
d'une fraternité sociale, que d'un agencement social,
où il n'y a ni nécessairement de trop riches, ni nécessairement de trop pauvres, où tous peuvent être
mieux sans que personne paie ce mieux de la nécessité d'être irrémédiablement mal. A chacun selon ses
œuvres, voilà le droit, et à chacun selon ses besoins,

voilà le devoir ; la fraternité sociale doit aller jusque-
là, et ne peut pas aller plus loin.

Dans les doctrines nouvelles, l'esprit du Christianisme se fausse s'il n'est que rationnel et s'arrête à
sa partie tangible, et il se dénature s'il s'isole de
la moralité chrétienne, et de condition de salut veut
se faire exclusivement moyen de bien-être. La doctrine chrétienne ne se scinde pas, elle ne détache
pas l'homme positif de l'homme moral ; s'il n'y a pas
résignation, il n'y a pas unité entre ces deux hommes. Le sentiment chrétien et la raison chrétienne
ne peuvent pas se désunir sans désordre. Lorsque,
dans des temps d'ignorance, la foi chrétienne par-
lait, agissait seule, et se faisait moyen humain, elle
a produit la Saint-Barthélemy et les extermina-
tions religieuses ; et dans un siècle de lumière,
de haute civilisation, si l'idée chrétienne n'est que
rationnelle, que positive et se fait crûment principe politique, elle ne peut enfanter que des convulsions sociales sans vérité. Pour être bien compris
dans l'Etat, le Christianisme doit être assis dans la
famille ; nous ne pouvons être socialistes que parce
que nous sommes chrétiens. Alors la vie n'est pas
seulement un fait, elle est une action morale ; la société, dans l'impulsion de la liberté, est abritée par
la conscience, et quelles que soient les perturbations
du moment, l'avenir n'est point menacé ; il n'importe que l'homme s'agite, pourvu que Dieu le mène.

CHAPITRE VI.

SUITE.

Nous irons plus loin : nous dirons qu'il n'y a pas de véritable Christianisme, — qu'il est simplement une opinion sans plus d'autorité qu'une autre opinion, dès qu'il y a absence d'un certain degré de foi et de conviction. Si nous ne croyons pas que Dieu parlerait aux hommes comme le Christ leur a parlé, nous ne sommes pas chrétiens. Le Christ est pour nous l'être essentiellement intermédiaire, chair d'homme à esprit divin, expression humaine pour la terre, d'une grandeur d'ailleurs. Si le Christianisme s'étend et se dépersonnifie dans une sorte de matéria lisme spirituel, de déisme purement philosophique, vérité d'abstraction à laquelle on a pensé une fois pour toutes, où l'on croit sans foi, où l'on attend sans espérance, il est une influence secondaire, insuffisante pour la société. Le Dieu astronomique de Newton est trop grand, est trop loin; il est une idée, une conception qui accable et laisse froid. Qui mène à lui? Quoi rattache à son immensité? Il semble qu'on l'ait placé dans l'univers pour l'exiler de la terre. Dans l'émotion du cœur, dans le trouble de la conscience, il n'est pas là. Il faut penser pour arriver à lui; il ne se révèle que par ses œuvres et sa puissance; l'infini le cache; il ne fait rien pour notre bonheur; il ne dit rien à notre espérance. Aban-

donnés à nous-mêmes, découragés, il nous laisse
dans les profondeurs de ses lois générales comme un
atome de poussière dans le tourbillon. C'est le Dieu
de la pensée, de l'intelligence, ce n'est pas le Dieu
du cœur. Le cœur rêve le mystère d'une providence
plus prochaine et plus sympatihque; le cœur est chrétien. C'est là ce qui faisait dire à un homme grave
cette pieuse naïveté : « Que Dieu me le pardonne,
mais j'aime mieux son fils que lui. » Il faut un culte,
une poésie au besoin religieux ; il faut idéaliser la
terre pour la tenir dans la voie du ciel. Le Christianisme passé au déisme pur n'est pas seulement insuf-
fisant, il est la négation du sentiment religieux ; Dieu
existe, mais il n'est plus avec nous.

Si le Christianisme appelle la démocratie; s'il
est plus vrai, mieux assis dans le régime de la
liberté et de l'égalité, il doit conséquemment y
être plus présent, plus impressif, plus régulatoire.
Les autres formes de gouvernement ont pour elles
le prestige, la fiction, la discipline et la crainte.
La démocratie, elle, n'a que la loi et la conscience;
la garantie de l'homme est là toute dans sa moralité. Le respect de la loi y fait le citoyen; il faut
quelque chose de plus pour y faire l'honnête citoyen. Dans la démocratie, la voix intime, le sentiment religieux doit suppléer les influences extérieu-
res qui n'existent pas ; il doit donner à la volonté
libre le contre-poids moral du droit, pour que
l'homme qui peut, ne veuille vis-à-vis de lui-même
que ce qu'il doit. La liberté, la seule bonne, la

seule possible, la seule désirable est celle qui se prosterne; et, aujourd'hui, quelles que puissent être nos opinions politiques et religieuses, sur la pente où la société est fatalement poussée, le besoin de tous, l'espoir de tous, la garantie de tous, c'est la religion par la liberté. Sans religion, la liberté fait peur.

CHAPITRE VII.

DE LA QUESTION SOCIALE.

Depuis soixante ans, la France est en travail d'expériences, et à force d'être essayé, le principe gouvernemental s'est usé. La politique proprement dite a disparu, le fond a recouvert la forme; le mouvement s'est fait uniquement social; la haine ou le dégoût de ce qui a été, et la volonté d'être autrement sont sortis cette fois des entrailles de la chose expérimentée. La révolution de Février a été l'expression victorieuse de cette volonté; tout d'abord elle s'est dite démocratique et sociale. La classe ouvrière, placée entre le capital et la propriété, a voulu savoir ce qu'elle était en effet; les théories socialistes ont pris place dans le gouvernement. Si le principe chrétien s'y montre comme point de départ et motif de réveil, il ne reste assez dans aucune comme règle et comme mesure d'ordre et de stabilité. La religion, la famille et la propriété se sont crues ou amoindries ou menacées.

Ainsi le mal s'est montré plus profond que les

plus clairvoyants et les moins portés à l'espérance n'avaient supposé. Si, en effet, la chute de la monarchie a été si brusque, si radicale, et l'élévation de la démocratie si soudaine; s'il a suffi d'une secousse populaire pour cela; si, sur une liste de noms recueillis à la hâte, nous avons vu les ouvriers choisir les hommes comme ils auraient choisi des outils, et le gouvernement ainsi improvisé, porté incontinent au capitole sur les épaules de ses électeurs; si le gouvernement provisoire formé, quoi qu'on dise aujourd'hui, d'hommes dont plusieurs sont des hommes éminents, et dont tous avaient des intentions patriotiques, a dû subir les exigences du moment et composer avec le peuple; si, disons-nous, ici et ailleurs, tant de choses incroyables, tant de phénomènes de force et de faiblesse sont venus nous étonner, c'est qu'il y avait dans la société plus que nous n'avions cru, plus que nous n'y avions mis : il y avait son travail propre, son individualité nouvelle; il y avait la question sociale.

Cette question s'adressait à tout, elle fermentait dans toutes les forces vives de la civilisation; et avant l'événement de Février, un journal avait aisément pu prédire que le peuple allait de nouveau se retirer sur le mont Aventin, et que cette fois on ne le ramènerait pas par des contes.

L'invasion des lumières, on peut le dire, n'avait armé que les esprits; l'enseignement séculier n'était pas venu s'ajouter à l'instruction religieuse, il avait pris sa place. L'existence ne reposait plus sur une base religieuse suffisante, elle manquait de lest; la conscience n'empêchait plus assez. C'est là un des effets les plus désespérés des demi-lumières ; on peut convaincre l'ignorance qui ne sait pas : on ne prouve pas au demi-savoir qu'il sait mal.

L'industrie avide, pressée, avait fait naître les hommes; elle les avait déplacés, enlevés à la vie de famille, agglomérés et enrégimentés au régime de la communauté. La vie collective de l'atelier couvait la révolte de l'esprit, — la presse dans toutes ses ramifications; la littérature, les arts, l'enseignement, les théâtres, accusaient chaque jour une réaction sociale par le bas.

Des doctrines hardies, aventureuses, paradoxales, s'échappaient de cette atmosphère brûlante comme ces plantes calcinées qui se font jour à travers la cendre des volcans. Tout était remis en question; la Divinité était conçue autrement; la famille était discutée. Des abus ou des inconvénients accidentels ou inséparables de la propriété, on concluait sa négation, sa criminalité. Après tant de mille ans d'existence, elle était controversée comme une chose née hier d'une mesure législative; on la disait impossible, homicide; elle était un vol contemporain de la création. Tout était mal enfin; tout était à refaire; il fallait remettre le monde dans le creuset comme on rejette dans le moule une figure de cire qui a mal réussi. Ainsi au sein de ces populations ou souffrantes ou irritées, on fouillait aux entrailles de la société pour l'expliquer, comme un médecin, le scalpel à la main, chercherait dans le cœur d'un homme vivant le principe de la vie.

La France éclatait d'un trop plein d'idées, de force, de passion et de volonté, et cela dans une forme de gouvernement, dans une assiette politique qui activait, concentrait le mal et facilitait son explosion victorieuse. Lorsque, dans l'étonnement d'une transformation si brusque, si soudaine, en face de cette France si violemment retournée, on se demande en effet comment une nation si riche, si prospère, en apparence si maîtresse de ses mouvements, a pu se trouver si près de sa dissolution; pourquoi la société a repris si désespérément la question irritante de son existence; quoi donc d'exceptionnel, de particulier à ce pays, a pu si instantanément rendre possible un mal si général, un état de choses si désespéré? on peut répondre hardiment par un mot : la centralisation.

CHAPITRE VIII.

DE LA CENTRALISATION.

D'une façon absolue, la France n'a pas plus de lumières et plus de richesses que d'autres pays; ce n'est donc pas le degré de sa civilisation qui plutôt qu'ailleurs l'a jetée dans l'état où elle est. Ce ne peut être que le caractère particulier et les circonstances propres de sa civilisation.

Les conjonctures de la première révolution furent

impérieuses ; l'unité et l'indivisibilité de la nation s'y firent violemment condition de vie et nécessité de force. L'opinion de fédéralisme alors ne pouvait avoir raison que si la France eût été une île isolée au milieu de l'Océan ; mais entourée, pressée, ayant affaire à tout le monde, elle devait se resserrer, s'individualiser, se faire une, ainsi qu'on rassemble et qu'on fond des morceaux de fer pour en faire un boulet. L'unité et l'indivisibilité de la France l'ont sauvée, l'ont grandie, en ont fait une chose en tout exceptionnelle.

Sans doute, à un certain point de vue, au dehors, à la frontière, la centralisation se montre avec tous ses avantages incontestables. Là, en regard de la France, en face de ce vaste corps si bien lié, si plein de vie, aux proportions de géant, aux pulsations si vives, si électriques, on hésite, on sent une influence, une réaction inconnue. Sans doute, comme nation, dans son actualité d'existence, dans sa vivacité d'expression, la France laisse le reste bien loin derrière elle. Si, en masse, elle n'est pas plus éclairée, nulle part les lumières n'ont mieux réagi, mieux rajeuni la physionomie d'un peuple, mieux fondu et retrempé le patriotisme ; nulle part la civilisation dans son acception la plus étendue, n'a plus complétement, plus à son avantage, affecté l'être collectif qu'on appelle nation. Où, sur une aussi grande échelle, a-t-elle produit un fait si puissant et si sympathique ? Où, en première ligne, force supérieure à toute autre force, a-t-elle mieux figuré l'esprit humain dans ses instincts de progrès? Ce n'est pas une chose ordinaire que 35 millions d'hommes, les plus favorisés du ciel et de la terre, occupant en Europe une position géographique que l'on peut dire providentielle, parlant une même langue, animés d'un même esprit, cédant à la même impulsion, et constituant à la fois la plus vaste agglomération sociale, et le corps politique le plus compact, le plus homogène et le plus vibrant. Jamais, dans ces proportions, une nationalité si vive, si élastique, si intelligente, douée de tant de force et de vitalité, ne s'est montrée dans le monde. La France, à ce point de vue, est le fait le plus large, le plus simple et le plus complet de la civilisation. En contestant sa supériorité, on cède à son influence; on sent qu'il y a là une chose, une réalisation d'où ressort un ascendant exceptionnel, une impulsion de puissance morale supérieure. Vis-à-vis d'elle, dans l'harmonie de l'ensemble, que sont les civilisations des autres peuples, même celle de l'Angleterre? Que de manque de proportion, que d'inégalités à faire disparaître! Que de lacunes à combler qui peuvent devenir des abîmes! Voyez comme, à l'appréhension du moindre choc, elle s'émeut sur ses ancres et crie d'allonger les câbles.

Tout cela est vrai, voilà les grands, les beaux effets de la centralisation; mais ce qu'elle donne par l'unité peut-il suppléer à ce dont elle prive par la fusion? On dit : si la France eût pu trouver un gouvernement qui la comprît; si celui-là ne l'eût point lassée en exaspération de passion et de liberté; si celui-ci ne l'eût point tarie en exagération de gloire et de sacrifices ; si cet autre ne l'eût point froissée en résurrection d'idées mortes, et en réaction d'intérêts personnels impossibles, ce pays pouvait aisément devenir, non pas seulement la supériorité incontestée du monde civilisé, mais le code et le programme réglementaire de l'avenir commun. A côté de ces espérances déçues, ne peut-on pas demander pourquoi le gouvernement qui pouvait sûrement asseoir la grandeur et la satisfaction de la France, ne s'est pas rencontré? D'où vient que tant de remaniements, tant d'essais divers d'esprit, d'action, de moyens et de circonstances ont été insuffisants? Quelle cause cachée, ennemie, a su renverser et n'a pas su redresser? Pourquoi n'a-t-il jamais été praticable de donner ce qui manquait, ou de reprendre ce qu'il y avait de trop? Pourquoi toujours la violence comme moyen, et la mort comme remède? Est-ce que peut-être nous nous serions constitués pour être forts, plutôt que pour être bien, nous débattant dans une contradiction sans espoir, à la recherche d'une solution impossible, comme un homme qui voudrait être mieux sans cesser d'être mal. Ce doute embarrasse l'esprit le plus porté à l'espérance et lui arrache cette triste réflexion : la France ne paraît-elle ingouvernable que parce qu'elle est mal gouvernée, ou est-elle mal gouvernée parce qu'elle s'est faite ingouvernable?

CHAPITRE IX.

SUITE.

L'unité, l'indivisibilité, la centralisation en un mot, a grandi la France et ne l'a pas assise; la nation vit debout. Si, d'un côté, la centralisation met au service du pouvoir une impulsion supérieure, de l'autre, vis-à-vis de lui, elle trouble, remue, ébullitionne le corps social et généralise la résistance. Elle donne à l'existence civile quelque chose du tumulte et de l'emportement de la vie des camps, et plus que des intérêts patriotiques elle crée des passions nationales.

La centralisation fait de la liberté une abstraction. La liberté n'est plus, sur la terre, appui, intérêt, chose sensible, locale : elle est dans l'air comme le fluide électrique ; et la centralisation fait marcher de front d'immenses populations au nom de cette liberté, comme Moïse faisait marcher les Hébreux devant une colonne de fumée. La centralisation, en réunissant tout sur un point : droits, besoins, intérêts, oblige à s'enquérir, à se préoccuper, à s'inquiéter sans cesse du gouvernement. L'homme du peuple, par cela que tout se passe chez lui en raison de ce qu'on fait ailleurs, remonte de l'effet à la cause, et pour raisonner les intérêts de son village, il est amené à controverser le gouvernement de trente-cinq millions d'hommes.

La centralisation donne à l'individu trop de facilités à se passer des qualités qu'il n'a pas, et trop de moyens d'abuser de celles qu'il a. On ne demande plus ce que l'homme est; on demande avec qui il est; il n'est plus question de ce qu'il vaut de lui-même, mais de ce qu'il vaudra pour le parti. Par la centralisation, le suffrage universel, par exemple, ne prouve que l'insuffisance des uns et l'influence des autres. Tant d'individus si loin les uns des autres, si divers d'esprit, de caractère, si dissemblables par leurs besoins, leurs habitudes, leur position, ne peuvent faire de même et vouloir de même que confusément, violemment. Là, l'esprit public, c'est-à-dire l'opinion du moment, sait seulement ce qu'elle ne veut pas, et va à la découverte de ce qu'elle voudra. Ainsi la centralisation, même en temps régulier, demande l'ordre à l'agitation, et la stabilité au mouvement. Elle fait de la France un vaste club en permanence.

La centralisation donne à la presse une plus grande et plus malheureuse facilité d'influence. La presse est aussi une industrie, une spéculation mercantile; on imprime des feuilles comme on cuit du pain. La presse n'a pas intérêt à rendre un peuple plus moral; elle en a à le rendre soucieux, avide de discussion, à le faire lire davantage. A cet égard la centralisation lui offre ses plus larges conditions de consommation. Tous veulent tout voir, tout savoir. Espérer dans la bonne presse contre la mauvaise est une déception; dans la centralisation, un mauvais journal fait plus de mal que vingt bons journaux ne peuvent faire de bien. Là les idées hardies, les doctrines aventureuses soulèvent et poussent les populations comme des vagues vivantes. On entend dire communément qu'avec les clubs et la liberté de la presse le gouvernement est impossible; il faudrait ajouter, dans la centralisation : car la Suisse, l'Amérique et l'Angleterre ont les clubs ou les meetings et la liberté de la presse, et ne sont pas ingouvernables ou nécessairement mal gouvernées. Chez nous il en est autrement, parce que dans le fait on gouverne la France dans Paris, à l'occasion de Paris. Si là il y a des émeutes on demande des lois contre la liberté individuelle partout. Si la presse parisienne se fait séditieuse, on demande des mesures restrictives contre la presse dans tout le pays. La France est toujours traitée comme une annexe, comme un faubourg de Paris; c'est que, par la centralisation, la France en effet c'est Paris, car la guerre civile seule peut prouver à Paris qu'il n'est pas la France.

La centralisation n'est bien réellement qu'une combinaison de force; ainsi elle gouverne trop et administre mal. Par elle, il y a, il est vrai, économie de temps; elle donne plus promptement des hommes et de l'argent; par elle tout est plus facile, mais rien n'est durable; il n'y a ni résistance, ni équilibre possible; les conditions et les garanties morales manquent; elle est le gouvernement de la horde civilisée qui s'arrête; elle n'est pas l'assiette d'une nation libre qui cherche l'ordre et la stabilité. Le gouvernement existe avant tout pour donner du bonheur, et de la satisfaction, et de la force seulement ce qu'il en faut pour abriter ce bonheur. La centralisation renverse ce rapport; par elle l'unité se change en violence contre le nombre.

Et lorsque, par l'effet de la centralisation, un peuple de trente-cinq millions d'hommes, comme la France, prétendant à des institutions républicaines, à des résultats démocratiques, va les demander au siége des abstractions et des généralités, va les demander à une ville où tous les extrêmes se heurtent, où toutes les exagérations fermentent, où tous les rêves veulent se faire choses, où l'air est électrique, où la boue est du salpêtre, où il y a une passion dans chaque tête et une force dans chaque pavé, il faut le dire, l'avenir de ce peuple est insaisissable; il échappe à toute prévision d'ordre et de durée. Sans doute, dans sa vie positive, cette nation ne touche pas à sa fin; les peuples ne meurent pas. Mais l'état social est sorti de l'esprit et des conditions voulues, et cela, pas accidentellement, par surprise; ce n'est plus ici le soulèvement momentané des membres contre l'estomac : c'est un corps dont toutes les parties sont devenues têtes.

Un tel pays, quoi qu'il veuille, quoi qu'il essaye, ne sera pas gouverné, sera mal gouverné. Depuis soixante ans la France a expérimenté toutes les formes de gouvernement, et quel qu'ait été ce gouvernement, le pays était dans l'opposition. Il y a une raison à cela; les torts des hommes ne sont ici que secondaires. Il faut qu'à fixité on se trouve dans des conditions de non-viabilité, et que, du fait des choses le pays soit ingouvernable.

CHAPITRE X.

DE LA MONARCHIE DANS LA CENTRALISATION.

Plus ou moins nationale, plus ou moins constitutionnelle, la monarchie ne trouve plus dans la centralisation ses conditions de vie et de durée. Les institutions intermédiaires, les précautions légales ne sauraient la couvrir. Derrière une chambre haute et derrière la responsabilité ministérielle, la centralisation l'atteint et l'ébranle. On peut même dire que ce qui est fait pour la nationaliser la dépopularise, et que ce qui doit l'abriter l'expose en effet. La responsabilité ministérielle l'entraîne, c'est une arme qui se tourne contre elle; la royauté périt par ses ministres, le mort saisit le vif.

Cette royauté ne règne pas, elle dispute; il faut qu'on lui cède, ou qu'elle cède; veut-elle vivre par la lutte, par le débat, elle se rétrécit à vivre de la vie d'un parti, d'une minorité. Entourée des siens, bientôt elle subirait leurs illusions, leurs petits intérêts, leur petite ambition; chez nous, dès qu'il y a un trône, il y a quelque chose à gagner, et il a des amis excessifs et nombreux comme les chiffres du budget. Bientôt dans les quatre-cent mille soldats de la France, cette royauté verrait ses soldats, et dans les quatre-

cent mille fonctionnaires du pays, ses employés;
elle se croirait forte, elle serait perdue.

Veut-elle au contraire marchander sa vie, et se
faire agent passif ou victime! Une présidence transitoire peut être cela trois ou quatre ans; la royauté
ne peut pas l'être toujours; pour elle il n'y a de remède que d'en appeler à tout le monde, et aujour-
d'hui, quand on crie au secours, on ne sait pas qui
arrive; légale, sincère, cette royauté est condamnée.

Telle est bien réellement l'histoire de la monarchie constitutionnelle depuis 1815. Celle de 1830, on
peut le croire, fût restée sincère si elle y avait vu son
intérêt, mais elle ne tarda pas à se dire que pour
elle la sincérité, c'était la mort, et qu'il fallait demander l'avenir au savoir-faire. Or, nous devons l'avouer,
dans sa position désespérée, la royauté pouvait diffi-
cilement se donner un champion plus complet et
mieux armé que le roi Louis-Philippe. Véritable
prince du moyen âge, aimant la noise et le tracas,
cédant et ne renonçant pas, ayant du temps et de
l'esprit pour tout, pendant dix-sept ans, il a disputé
sa place comme un procureur habile discute, allonge,
tourne et retourne un procès.

CHAPITRE XI.

DE LA RÉPUBLIQUE DANS LA CENTRALISATION.

Excepté le parti légitimiste qui se dit encore des
préférences de conviction, qui croit qu'il croit, la

France est froide sur la question politique ; elle est avant tout d'impulsion et de travail démocratique, et si la république une et indivisible faisait bien les affaires du pays et laissait chacun faire les siennes comme il l'entend, la France serait républicaine. Mais la république ne peut pas attendre la confiance, il la lui faut dès le premier jour ; et ne pouvant pas l'attendre, elle l'empêche de naître.

Pourquoi ce manque de confiance ? à quoi cela tient-il ? A la force des choses comme nous les avons faites. Dans une monarchie constitutionnelle, si le roi est inviolable, les ministres ne le sont pas ; il y a quelqu'un à saisir, une responsabilité quelque part. Dans une petite république, comme en Suisse, ou en Amérique, où tout le monde se touche, se connaît, se surveille ; où l'on est toujours dans la réalité pratique, quelques-uns peuvent profitablement faire les affaires de tous ; les abus du pouvoir ne sont coûteux qu'à ceux qui l'exercent ; l'homme paye de ses deniers ou de sa personne les fautes ou les erreurs du fonctionnaire. Mais parmi 35 millions d'hommes résumés dans une unité fictive, abstraite, absolue, dont le gouvernement est l'expression, le pouvoir n'est pas autre chose que le fait de la souveraineté du peuple en action, et dès lors, où est le recours et la responsabilité ? à qui se prendre ? il n'y a de remède contre ce pouvoir qu'un appel au pays, c'est-à-dire qu'il n'y a pas de remède. Il atteint la liberté de l'individu au nom de la liberté de tous ; il saisit la propriété individuelle au nom de l'intérêt général. Il fait et défait contradictoirement, toujours légalement, et toujours bien. Etant cela et par suite de sa radicale omnipotence ne pouvant être que cela, il n'y a pas pour lui de confiance à espérer. C'est bien assez de ne pouvoir échapper, et personne ne se livre.

Ainsi, moins de liberté et moins de sécurité est la conséquence logique de la république une et indivisible. Dans aucune autre combinaison politique la centralisation ne fait naître tant de contradictions, d'impossibilités et de froissements. Le simple bon sens dit que vouloir être bien dans une république de 35 millions d'hommes, c'est vouloir être à son aise dans la foule. En vain la république veut être honnête et modérée, c'est l'homme qui dit cela, l'homme ne rassure pas contre l'institution. En fin de compte, la république est forcée de vivre d'expédients et de violences. Les expédients ont un terme; et la violence, fatiguée d'être inefficace, se dit qu'il faut en finir avec une société égoïste; que la république ne peut attendre de confiance, de sympathie et de solidarité que d'une société nouvelle, venue d'elle, et qui lui doive ses droits, ses intérêts et son bien-être. Alors apparaissent les doctrines et les systèmes de finances et d'associations qui doivent aider à cette transformation; et la république menace de poursuivre comme une révolution sociale. La république une et indivisible n'est en effet essayable encore que pour une société faite par elle et pour elle.

Et aujourd'hui, il y a ici plus que la force des choses, il y a les passions des hommes, il y a le peuple qui se croit trompé, rouge de colère, héroïque de pauvreté, et voulant sa part comme le lion se faisait la sienne. Or, sans peuple, point de république, et aujourd'hui par le peuple une république comme personne n'en veut. Voilà ce qui fait que plus on est républicain sincère et sérieux, plus on aime la république telle qu'elle est en Suisse et en Amérique, et moins on l'espère en France.

Ainsi, par la centralisation absolue, la monarchie constitutionnelle est insuffisante, elle est la république en travail; la république une et indivisible est une violence, elle est la révolution au pouvoir. Dans la centralisation l'action est un danger, la réaction un danger. En temps régulier, la société est une mêlée, et dès qu'il y a dissidence, il y a duel. En dehors même des autres inconvénients et des complications qui lui sont inhérentes, par cela seul que la centralisation a une ville comme Paris pour champ d'action, le pouvoir est sans cesse menacé. Il n'y a qu'une combinaison qui pût se montrer plus forte que tous les obstacles et toutes les contradictions d'assiette et de volonté: ce serait un puissant despotisme militaire. Or, ce n'est là qu'un accident, c'est l'absence de gouvernement.

DEUXIÈME PARTIE.

CHAPITRE I.

DE LA DÉCENTRALISATION.

Par la centralisation, telle qu'elle s'est faite, la
France est bien positivement sortie des conditions
et des garanties de tout gouvernement régulier. Cette
centralisation peut produire de la force, un excès de
force; elle ne peut plus trouver l'ordre, un ordre
suffisant; il y a contradiction désespérée entre la
violence du moyen et le caractère pacifique du but.
Monarchie ou république restent impuissantes, ne
peuvent plus assez contre la pression et les entraîne-
ments de la centralisation; l'unité s'est faite anarchie,
et la souveraineté du peuple la confusion du nombre.
Pour revenir à l'état normal dans sa mesure d'ordre
voulu, et de plus grande liberté vraie, il y a nécessité d'amoindrir l'omnipotence abstraite du tout,
par la réalité plus vive et plus active des parties. Il
faut pondérer la France; de l'unité absolue, faire
ressortir et revivre l'unité collective; il faut, en un

mot, par un système moins concentrique, autrement concentrique, désenflammer la centralisation absolue dans une décentralisation relative.

La centralisation radicale, unitaire, a fait son temps, elle a donné tout ce qu'elle pouvait donner. La France n'est plus dissemblable, elle est *une* dans son esprit, dans ses mœurs, dans sa langue, son caractère, sa force, son génie et sa volonté; elle peut sans danger imposer à son bien-être des conditions et des garanties d'ordre et d'intérêt local; elle peut vivre d'ensemble sans vivre de front; l'impulsion du projectile ne lui manquera pas; il faut lui donner la résistance du faisceau; on peut décentraliser la vie sociale, et retenir la vie politique, décentraliser les intérêts locaux sans toucher à l'intérêt national; on peut enfin décentraliser la France en France sans la décentraliser en Europe.

Une autre expression de la centralisation, le retour à la vie sociale sur place, l'appel aux résistances locales enfin, là, nous le croyons, est encore l'unique voie de salut, et notre dernière espérance. Au terme où nous sommes arrivés, toute autre combinaison est précaire et inefficace; laissées à ce qu'elles sont, les choses se font pires, et espérer des hommes, autant vaudrait demander aux flots de la mer de s'entrechoquer avec modération. Ce sont les causes qu'il faut atteindre, et il ne reste qu'à essayer ce qui n'a pas encore été essayé, l'unité par tous au lieu de l'unité de tous.

L'état social est ébranlé dans ses fondements, la

forme n'a été que l'occasion d'arriver à la base ; république ou autre chose, la question n'est plus là, elle n'est plus dans l'expression, elle est dans la constitution ; le mal est aussi profond que la société est vieille.

CHAPITRE II.

DE LA DÉCENTRALISATION RELATIVE.

Ici se présente la question du caractère et du degré de la décentralisation.

En regard de l'avenir surtout, les mesures complètes sont les seules bonnes, et nous dirions que pourvu que l'unité politique restât suffisante, la décentralisation ne saurait aller trop loin ; mais la France veut l'unité dans la démocratie, telle qu'elle l'a eue dans la monarchie ; et néanmoins, dans cette condition, elle veut arriver à une décentralisation qui assure. Or, la république une et indivisible est d'esprit concentrique ; tout relâchement, même partiel, même administratif l'atteint dans son principe, l'affaiblit dans son prestige ; la décentralisation est pour elle chose contre nature ; déjà menacée, controversée dans sa force unitaire, elle sera plus découverte, plus ébranlée, par le jeu moins disciplinaire de la décentralisation ; la France moins *une* serait moins républicaine.

Ainsi, ce n'est pas la république une et indivisible qui peut amener une décentralisation suffisante,

cette question d'une décentralisation suffisante im-
plique elle-même la question de forme gouvernementale, car il faut que cette forme se prête et gagne à
la décentralisation comme le pays, c'est-à-dire que
l'unité absolue restant la condition fixe, le point de
départ obligé, il y a nécessité de modifier l'expression de cette unité, et d'en revenir par l'élection au
principe de l'unité héréditaire ou viagère.

Dans le temps où nous sommes, ces deux éven-
tualités se ressemblent assez pour que dans le raisonnement nous puissions nous attacher seulement
à la plus large, à l'hérédité.

L'unité politique peut se personnifier dans une
de ces trois combinaisons, la famille Bonaparte, la
branche aînée des Bourbons, ou la branche cadette.

L'élection héréditaire de la famille Bonaparte devrait tout, devrait trop à la centralisation ; sa préférence serait une émotion du nombre, une ovation de
pavois de la foule plus que l'expression réfléchie de la
conviction isolée ; pour elle, détailler, dégrouper la volonté du pays, ce serait se blesser dans son prestige :
il faut des masses à ce nom ; il lui faut la souveraineté du peuple en colonne serrée ; sans peuple et
sans armée, il n'y aurait là qu'une page d'histoire
insuffisante. La combinaison Bonaparte ne pourrait
pas décentraliser sans perte pour elle, et ne pourrait

jamais assez décentraliser pour le bien du pays. C'est au contraire parce qu'elle résume et masse mieux la force, et l'action gouvernementale, qu'à un moment donné on a pu la préférer ; elle pouvait plus qu'un autre pour l'ordre matériel : là se borne sa suffisance politique.

DE L'HÉRÉDITÉ DANS LA BRANCHE AINÉE.

Par le suffrage universel, le parti légitimiste n'entend pas faire élire l'hérédité, mais simplement faire reconnaître l'héritier. La logique de ce parti dit que ce qui a été, est, et ne peut pas ne pas être. Il y a soixante ans, nous avons abattu la légitimité une première fois ; plus tard, nous l'avons abattue une seconde fois ; quelques années après dans son pseudonyme, nous l'avons abattue une troisième fois : vous voyez donc bien, nous disent les légitimistes, que c'est la légitimité que vous voulez, et que seule elle peut vous sauver. Aujourd'hui, elle est le principe nécessaire, inévitable ; descendez dans la rue comme au 10 Août, comme au 28 Juillet, comme au 24 Février, vous vous direz : « Si le gouvernement n'était que l'expression du suffrage universel, nous le renverserions, mais il est le principe ; rentrons tranquillement chez nous. » Que le principe se rassure, nous ferons mieux que de rentrer chez nous, nous n'en sortirons pas.

La légitimité a la prétention de nous donner la décentralisation avec toutes ses heureuses conséquences. Cette décentralisation, elle l'essayerait, en effet dans ses idées, dans son intérêt, pour asseoir le pays pour elle, pour affaiblir les résistances à son point de vue; ce serait avant tout une décentralisation pour le principe; elle décentraliserait pour diviser; sa prétention d'être voudrait être d'une certaine manière, voudrait trop, voudrait mal. Telle est ou l'injustice ou la fixité de nos idées à l'égard de la légitimité que, même au bien qu'elle voudrait faire, il manquera toujours ce qui y fait croire, la confiance. A ce sujet, nous sommes désespérés; on ne guérit pas de la peur; on ne revient pas d'une expérience faite et refaite, on ne concilie pas avec l'eau froide un animal tombé dans l'eau chaude.

L'effet immédiat de la légitimité serait de réunir contre elle toutes les nuances d'opinion. Républicains de toute couleur et de toute date, bonapartistes, constitutionnels, libéraux et partisans de la branche cadette se fondraient et se formeraient vis-à-vis d'elle dans une opposition compacte. Il y aurait la légitimité d'un côté, et le pays de l'autre, et en cela seulement, elle aurait été une occasion de conciliation. Il est des fictions qui sont sorties du cours des idées, comme il est de vieilles pièces d'or qui ne peuvent plus servir de monnaie.

La légitimité promet la paix et ses suites; sans doute la paix serait dans sa volonté, mais la paix dépend aussi de l'opinion des autres. L'Europe veut l'ordre par la stabilité et la durée; la légitimité, ici, n'est pas la meilleure, la plus sûre garantie; l'Europe

le sait. La légitimité porte en elle une date néfaste ;
elle a subi les traités de 1815 ; ce souvenir fait fermenter la suceptibilité nationale, qui à tort ou à
raison en fait un grief au principe qui en est sorti.
Sous la royauté légitime, la France se sent trahie,
vaincue, elle se préoccupe plus de l'Europe ; le passé
est plus près de nous ; le mouvement populaire
prend plus aisément couleur de sentiment national ;
il y a plus d'émotion en France, et moins de sécurité
partout. Or l'Europe, aujourd'hui particulièrement,
est convaincue qu'il faut aplanir, faciliter l'avenir,
et que prévenir vaut mieux qu'avoir à réprimer.
Son intérêt est que la France se donne le gouvernement le plus propre à l'asseoir, à la calmer, à la
satisfaire, à la tenir chez elle dans un régime qui
ne blesse pas, qui n'irrite pas, qui ne couve pas la
date d'encore une révolution ; et si, dans les conditions de cette œuvre, les puissances de l'Europe
avaient à émettre leur pensée, on peut croire que ce
n'est pas à la légitimité que leur sagesse donnerait
la préférence.

DE L'HÉRÉDITÉ DANS LA BRANCHE CADETTE.

On dit : Que, si la France ne peut pas être république, elle ne peut être aussi que ce qui lui ressemble le plus ; on parle de la royauté démocratique,
de la royauté belge, où il n'y a pas moins de liberté,
pas moins d'égalité, où il n'y a que l'hérédité de
plus quelque part ; et qui, sans en avoir les inconvé-

nients, retient tous les avantages du régime républicain. Nous n'aurions pas mieux demandé que de
partager ces idées ; nous voudrions qu'ilen pût
être ainsi chez nous ; mais nous y voyons quelques difficultés. Et d'abord, qu'est-ce que la régence, et où est-elle? est-elle en Angleterre ou en
Allemagne? A la séance du 24 Février, il fut dit
quelques mots de la régence; ce moment passé, il
n'en a plus été question ; quand tous parlaient de
tout, personne n'a parlé d'elle. Ce silence a fait dire
que la régence ne s'était pas sentie une existence
distincte; n'avait pas cru à son individualité, ne se
voyait pas comme un intérêt, une chose autre, n'a-
vait pas une volonté propre, à elle, qu'elle s'était jugée comme une suite, un débris, une simple conséquence de le royauté tombée; en un mot, qu'elle s'é-
tait vue dans la famille, plus que dans la nation, ou
que, si elle était dans d'autres sentiments, dans
d'autres dispositions, si, dans son effacement officiel,
elle avait la conscience de son moi, de sa valeur exceptionnelle, elle avait attendu l'espérance d'où
elle ne pouvait pas venir, et n'avait pas su aller à sa
rencontre là où l'on pouvait la faire naître.

Voulant rester tout ce qu'elle était et pouvait devenir, la régence ne devait rien demander, rien attendre des idées et des hommes qui n'avaient rien
empêché; elle devait se détacher du passé, se montrer
seule, se faire des amis nouveaux, se rajeunir pour
la France refaite, et demander à la raison, à l'intérêt
national, aux idées et aux hommes de la démocratie

de lui faire son parti et de lui préparer sa place. Il était aisé, nous le croyons, même au milieu du débordement de la liberté, d'argumenter en sa faveur de ce qu'elle pouvait seule pour l'ordre et pour les besoins nouveaux de la vie démocratique; mais tel est le malheur des princes, ils ne savent pas se rendre nécessaires parce qu'ils se croient nécessaires.

Cette marche ambiguë, sans couleur, sans spontanéité d'autant moins attendue qu'on savait la duchesse d'Orléans douée d'un esprit supérieur, a fini par s'interpréter d'une manière plus fâcheuse encore. On a parlé d'une fusion de famille, de l'unité d'intérêt dynastique en faveur de la branche aînée : c'est là, nous le croyons, avoir mis dans le temps et dans les hommes une bien grande confiance. Aujourd'hui, sur la terre étrangère, attendre la royauté par succession, ce n'est pas seulement abandonner la première place, c'est peut-être avoir abdiqué la seconde.

CHAPITRE III.

DE LA DÉCENTRALISATION ABSOLUE.

La république une et indivisible au chiffre de trente-cinq millions d'administrés est une violence et une contradiction; on ne peut pas donner à la démocratie pure l'esprit et les voies de la monarchie. La république une et indivisible ne saurait se prêter à une décentralisation suffisante ou satisfaisante; le système unitaire y perdrait, sans que la combinaison fédérale y gagnât.

Par l'unité revenue à la forme monarchique, la décentralisation dans la combinaison Bonaparte serait illusoire, sans conséquences suffisantes. Par la royauté légitime, la décentralisation serait un danger, une complication nouvelle.

La décentralisation par une royauté réellement et librement démocratique comme la royauté belge, venue à temps, eût, transitoirement du moins, peut-être pu suffire. Les éléments, les circonstances, les conditions d'une royauté telle manquent.

———

Ainsi effectuée dans l'une de ces suppositions, la décentralisation ne serait qu'un palliatif, qu'un atermoiement, elle retiendrait toujours assez des vices et des influences de la centralisation pour ramener ses inconvénients et ses mauvais effets ; l'ordre moral et l'équilibre financier n'en seraient pas la conséquence logique. Pour donc assurer la France, pour l'asseoir définitivement, nous le croyons, il faut aller jusqu'au bout, jusqu'à des conditions nouvelles d'assiette et de nombre. Aux grands maux, les grands remèdes. La décentralisation doit arriver à l'état fédératif, à des États-Unis. La France se refuse à cette conviction ; mais plus la liberté sera une chose pratique, sensible, usuelle, plus elle entrera dans la vie journalière comme besoin et condition d'ordre et de conservation, et plus nous serons amenés au sentiment de l'existence sur place, de l'indépendance locale. L'État fédératif, la petite patrie dans la grande, est le dernier mot de la démocratie.

Alors la contradiction cesse, l'équilibre peut renaître, la forme républicaine peut être l'esprit de la démocratie, et n'est plus nécessairement sa violence. Dix républiques sont réalisables là où une république une et indivisible était impossible. On se fixe dans le régime républicain par ses avantages, par intérêt, par raison; on n'en sort plus par un retour violent à ce qui lui est opposé. La France n'est pas sur un point et dans un coup de dé; le désordre est partiel; une répression suffisante se montre à la porte de chaque citoyen; les systèmes, les doctrines nouvelles jugées plus près de leurs conséquences pratiques se réduisent à ce qu'elles doivent être, des améliorations consenties; et le pays n'est pas tenu de s'exproprier pour faire preuve de fraternité. Ce que le gouvernement abstrait de trente-cinq millions d'hommes toujours dans le vague des généralités ne pouvait pas, le gouvernement de trois ou quatre millions d'administrés, expression vraie sur place de leur intérêt et de leur volonté, le pourra facilement. Le mal, l'erreur l'entraînement aveugle n'arrivent pas du centre aux parties avec le caractère et l'autorité d'une volonté nationale, Paris n'est plus la fusion de tout, il n'est que la réunion de tous; il est le symbole de la France, il n'est pas la France; ses gloires, ses splendeurs sont celles du pays : là se borne son omnipotence, et il n'exporte plus ses idées, ses passions et ses barricades.

CHAPITRE IV.

DE LA DÉMOCRATIE.

Aujourd'hui, il n'y a pas à choisir, il faut vivre dans la démocratie, dans la démocratie avec toutes ses exigences; et comme la démocratie est l'existence de tous, de tous ensemble, il y a ainsi à cet ordre de choses des conditions naturelles de population et d'étendue. Au delà de certaines proportions, le but n'est plus saisissable; la multitude efface l'individu, et la règle reste une expression numérique insuffisante.

Monsieur Guizot traite la démocratie de chaos; oui, dans la centralisation, dans les conditions de la monarchie, la démocratie est un chaos. A quelques centaines de lieues de chez soi, on est démocrate par ses idées, ses opinions, on ne l'est avec profit, par raison, par intérêt, d'une manière pratique, que sur place et dans un rayon relatif. En démocratie, dès qu'on procède par généralités, il peut y avoir dans l'état des résultats démocratiques d'un certain ordre, ce n'est pas assez, et il n'y a pas dans le pays véritable vie et pondération démocratique.

On nous parle de l'urgence, de la nécessité absolue, de refaire l'esprit de famille, l'esprit religieux, l'esprit public; personne ne l'ignore, et la véritable question était ici de préciser cet esprit, de nous dire ce qu'il y a à faire, d'où il peut sortir, à quoi il faut sûrement le demander. Nous croyons, nous, qu'à cet égard ce n'est pas au passé qu'il convient de s'adresser ; nous pensons qu'hommes et choses, il n'y a rien à attendre, rien à recevoir de ce qui a été, comme il a été ; et lorsque nous voyons le ministre de onze ans et du 24 février nous instruire magistralement de ce qui sauve, de ce qui empêche de périr, nous croyons avoir mal lu ou mal entendu. Nous restons convaincus, quant à nous, que l'esprit de famille, l'esprit religieux, l'esprit public, le besoin d'ordre, l'intérêt de conservation, que toutes les conditions enfin de vie régulière, il faut les demander aujourd'hui à la démocratie ; qu'il faut tout lui demander, tout jusqu'à la royauté, si elle était inévitable ; nous croyons par contre que tout retour aux lieux communs de la vieille sagesse, de la vieille habileté, que tout appui demandé aux idées et aux hommes qui n'ont rien édifié, rien empêché de tomber, sera l'occasion d'une chute nouvelle, et qu'encore aujourd'hui tel homme perdrait dix monarchies, et que tel autre embrouillerait dix républiques ; nous croyons enfin qu'il ne faut pas habiller la démocratie avec les habits retournés de la monarchie.

Faire la démocratie ce qu'elle peut être, et n'en pas faire une désespérante contradiction, là est la véritable, la grande question. Alors, ce qu'on cherche, elle pourra le donner, et n'oublions pas qu'elle seule peut le donner, car toute autre combinaison, par cela qu'elle aurait la démocratie contre elle, resterait impuissante.

Sans doute, la démocratie a ses violences, ses emportements, ses complications; faut-il pour cela méconnaître sa puissance et sa nécessité? Les gouvernements personnels aussi, à l'heure de leur apparition, ont eu leurs moments de lutte et d'anarchie; sortis de la force matérielle, eux ils voulaient l'ordre ayant tout par cette force, mais la démocratie née de la liberté ne peut user de la force matérielle que pour le service et dans l'esprit de la liberté. Si nous voulons repousser la licence comme ces gouvernements sévissaient contre la résistance, nous tombons dans une funeste contradiction. Le remède qui fait rentrer le mal expose et ne guérit pas. L'ordre ne peut naître que de la liberté; la liberté seule peut décréditer la licence, comme le grand air est le plus sûr moyen de dissiper une mauvaise odeur. A ce sujet on ne saurait trop lire et trop méditer les excellents articles de la *Presse*. Mais nous ne savons pas être ce que nous sommes; en France les choses changent, et ne changent pas les hommes. Nous voulons gouverner comme on a gouverné; nous voulons être républicains, comme nous avons été monarchistes. Le gouvernement n'est jamais dans son milieu; presque toujours il respire en arrière. Pourtant les circonstances, les nécessités, les moyens se sont faits différents, opposés; et pour être habile, certes il ne faut pas se poser en état flagrant d'inconséquence et de contradiction.

CHAPITRE V.

DE L'UNITÉ.

On entend généralement dire en France : l'unité fait notre force et notre grandeur, et l'étranger nous l'envie. Tout est relatif ; si les Italiens et les Allemands envient notre unité, les Anglais, les Suisses et les Américains ne l'envient pas. L'unité peut être le besoin, la condition du mieux, pour l'Allemagne et pour l'Italie. Ces peuples cherchent l'homogénéité, la nationalité, et il se peut, qu'après avoir profité et s'être grandis par l'unité, ils arrivent comme nous à la juger dans ses inconvénients, ses complications, ses contradictions ; ils arrivent à la juger non plus dans ce qu'elle a donné, mais par ce dont elle a privé. L'unité est moyen, et n'est pas fin. Tout, certes, n'est pas dit parce qu'on est trente ou quarante millions d'individus taxés, administrés et gouvernés en commun.

L'unité fait notre force ! l'état social est là pour produire du bien-être et de la satisfaction, et de la force seulement ce qu'il en faut pour assurer ce bien-être et cette satisfaction ; tout ce qui est produit au delà est un double mal ; cette force en sus peut trop et coûte trop. Ce culte de la force accuse encore chez nous des émotions et des velléités d'une autre époque de civilisation.

L'unité fait notre grandeur ! Disons aussi qu'elle

entre pour quelque chose dans la grandeur de notre budget et de nos dépenses. La centralisation unitaire rend la responsabilité financière singulièrement élastique; là, les chiffres disent tout, et n'expliquent et ne prouvent pas assez. L'unité fait notre grandeur ! S'il s'agit d'industrie, de commerce, du mouvement des affaires, de la richesse, l'Angleterre et les Etats-Unis sont bien en avant de nous. Comme moyen d'influence, de supériorité, de suprématie, il serait difficile de dire ce que l'unité eût ajouté à la fortune de l'Angleterre. Sous le rapport des lumières, des sciences, des arts, du progrès, y a-t-il avantage à un centre unique? Si la France avait dix ou douze foyers d'existence nationale, y eût-il moins de développement intellectuel, moins d'hommes capables, moins d'illustrations politiques, scientifiques et littéraires, nous pensons qu'en toute chose il y aurait plus de profondeur, plus de vérité et d'originalité.

L'unité a été pour nous un moyen de salut et de constitution, sans être restée une condition fixe et irrévocable d'existence continue; et elle peut aujourd'hui perdre de son intensité sans nous rien faire perdre de ses avantages. Centralisation unitaire et démocratie ne peuvent aller de front. Si, pour une masse compacte de trente-cinq millions d'hommes, l'unité abstraite se faisait une nécessité absolue, il faudrait se dire que la démocratie est là impossible ; or, comme nous croyons, au contraire, qu'il n'y a de possible chez nous que la démocratie, nous pensons qu'il y a sagesse et urgence à revenir au régime démocratique qui se suffit d'une unité moindre, au régime démocratiqne dont on ne revient plus, à l'état fédératif.

CHAPITRE VI.

DE L'ÉTAT FÉDÉRATIF.

La France avec ses trente-cinq millions d'habitants, divisée en dix ou douze foyers de vie démocratique, d'organisation uniforme, d'esprit identiqùe, et se résumant dans un centre commun pour asseoir l'unité nationale ; la centralisation absolue, en un mot, faisant place à la centralisation fédérative, la France, disons-nous, ainsi pondérée, nous semblerait présenter les seules conditions possibles et d'ordre moral et d'équilibre financier. Dans cette nouvelle assiette, comme dans le passé, la politique extérieure, l'armée, la marine et tout ce qui s'y rattache, les douanes, les grandes voies de communication, la dette publique, le code civil, et les dépenses spéciales que ces attributions comportent, restent dans la sphère du pouvoir central ; à part ces charges et ces devoirs communs, les États fédérés rentrent dans la plénitude de leur indépendance et de leur gestion administrative. Chaque État a son président et son assemblée particulière ; et ses rapports fédéraux satisfaits, il se taxe, s'administre et se gouverne comme il l'entend. On n'est *un* qu'à la frontière ; en France, on est en famille.

Tâchons de nous rendre compte de la vie nationale ainsi faite.

CHAPITRE VII.

DE LA PRESSE DANS L'ÉTAT FÉDÉRATIF.

Les signes certains, les sûrs garants de l'ordre moral se montrent dans l'action de la presse et dans l'influence du principe religieux.

Tant que les gouvernements n'ont eu pour eux que leurs bonnes intentions, la garantie ne paraissait pas suffisante. Tant qu'il y avait quelque chose qui semblait appeler le passé, qui pouvait avoir l'air d'un abus, la presse était hostile, ne pouvait pas se faire conservatrice. Mais dès lors qu'il n'y a plus rien à craindre, plus rien à abattre, qu'il n'y a qu'à remplacer, qu'à instituer, il ne peut y avoir aussi qu'à préserver, et la presse doit changer d'esprit et d'intérêt.

Dans les États de grande centralisation, l'action de la mauvaise presse est inévitablement contagieuse. Le succès pour elle est là une question de temps ; chaque jour ajoute à la veille. Elle agit en raison directe du nombre ; on ne peut la décréditer dans l'esprit de tout le monde. Elle influe en raison de la distance ; on ne peut pas l'atteindre partout. Au bout de quelques temps, elle s'est unie à l'air, et a changé l'atmosphère morale ; et à leur insu, même ses adversaires finissent par avoir subi son influence.

Des masses d'hommes pressées, amoncelées comme dans un forum, à la longue, n'ont guère que les opinions qu'on leur donne. Un des graves inconvénients de la centralisation, c'est d'avoir à s'occuper de tout, on face de tous. Ce livre : « La propriété, c'est le vol », tombé des hauteurs de Paris, a retenti dans toute la France. S'il eût été écrit à Philadelphie, les hommes d'État de l'Union n'eussent pas eu la malheureuse occasion de le réfuter pour le faire lire.

La presse est un intérêt avant d'être une expression ; il faut être sûr qu'on sera vendu : ainsi, il n'y a qu'un moyen de s'assurer de la presse, c'est de la placer dans des conditions où la violence ne donne pas, c'est de la calmer par l'abstinence ; pour qu'elle soit conservatrice, il suffit qu'il n'y ait rien à gagner à être autre chose. L'État fédératif, mieux que tout autre, offre ces garanties. Là, point de questions irritantes de choses et de personnes ; point de grands abus possibles, point de ces griefs qui se prêtent aux généralités, et se montent à des dimensions humanitaires. Les intérêts locaux ne comportent pas les phrases. Les irritations de la presse ne peuvent s'attacher qu'à de petits motifs d'intérêt local, pratique, sans solidarité, et sans retentissement au loin. Sur *cent* existences, il y en a quatre-vingt-dix qui ont le même intérêt à voir l'ordre et la règle de la même manière ; la mauvaise presse n'empêche pas de bien gouverner, et la bonne presse empêche de mal gouverner. Les souffrances des classes pauvres sont mieux connues, mieux appréciées, parce que sans les exagérations et les incriminations de la polémique, elles se montrent à temps comme un mal, un désordre qui accuse et intéresse l'état social. On ne parle pas de remettre l'édifice dans le moule; simplement le gouvernement par mesure supplémentaire s'interpose pour amener l'amélioration. Dans les petits États l'intérêt public peut avoir sans danger la philanthropie et la réserve de l'intérêt privé.

CHAPITRE VIII.

DE L'ESPRIT RELIGIEUX ET DE L'ESPRIT DE FAMILLE DANS L'ÉTAT FÉDÉRATIF.

Un des grands résultats de l'État fédératif est de ne craindre aucune liberté, et de les appeler et de se fortifier de toutes. La liberté religieuse, la liberté d'enseignement, la liberté d'opinion, de parler et d'écrire s'y font contre-poids pour concourir au même but, la stabilité. L'esprit public se forme et s'affermit du jeu de toutes les libertés, parce qu'il n'y a pas de vérité dangereuse, et qu'il y a profit à être toujours plus logiquement ce que l'on est.

La liberté d'enseignement n'entraîne aucune crainte, aucun danger d'exception hostile. Personne n'a intérêt à élever ses enfants en sens inverse du monde dans lequel ils doivent vivre : ce serait à leur préjudice. L'enseignement national, sans y être une obligation de la loi, y est un avantage, une nécessité rercherchée. Dans l'État fédératif, les écoles du pays commencent la vie de l'homme public ; et riches et pauvres ont les mêmes motifs, le même intérêt à se donner ce point de départ. L'éducation est là naturellement nationale comme la naissance.

La liberté religieuse facilite, il est vrai, l'esprit de secte, mais aussi elle dégage la religion de toute influence politique et rend la suprématie et l'intolérance légales impossibles. La liberté religieuse, la liberté de croire par soi, éveille l'esprit, individualise la croyance et ramène le principe religieux dans la famille. La conscience a plus de place au foyer domestique ; les mœurs s'en ressentent, la liberté et la vie publique s'en font plus sérieuses. La liberté religieuse et la liberté d'enseignement exercent une heureuse influence sur le prêtre. Il est forcé d'être l'homme de son siècle, et le concitoyen de son troupeau. Il sera plus écouté, plus d'accord avec lui-même, plus fort quand il parlera de la religion au nom et pour le salut égal de tous et de chacun, et qu'il n'aura pas à rétrécir et à fausser l'esprit du christianisme au service des positions et des personnalités. Dans la petite démocratie, la fraternité chrétienne et la fraternité sociale se touchent et s'appellent mieux ; les mœurs, l'opinion, le désir de considération font faire librement là ce qu'ailleurs il faut demander à un effort de la raison et de la conscience.

Évidemment nous marchons à une face nouvelle du christianisme, où l'Église rentrée dans l'Évangile en reflétera l'esprit démocratique, et restera pour tous dans la société le niveau moral des inégalisés. Une fois le petit clergé, le plus grand par sa mission, se fera le plus ferme soutien de la vie démocratique.

Le journal *la Presse* a dit : « La *société* en est venue à ce point où le lien religieux s'est tellement et si généralement détendu, qu'elle ne peut plus être sauvée de ses écarts que par une nouvelle direction imprimée au *genre humain*. » Cette nouvelle direction, ce sera l'ère seconde du christianisme qui se prépare, l'ère de la démocratie chrétienne.

J'ai rencontré un prêtre qui me disait : La société s'entre-déchire, et peut-être elle s'éprouve ; les passions et les idées pourront faire beaucoup de mal ; un vent de terre peut renverser la cité, mais quoi qu'il advienne, le monde ne peut pas ne pas être chrétien. La croix, la croix de bois restera debout sur les ruines de Babylone ; les ouvriers reparaîtront ; un nouvel apostolat se prépare, et cette fois, du front le baptême ira à l'âme. Notre progrès était trop matériel ; devant tant de convoitise, la résignation s'était faite impossible ; et au fond de tout ceci, faut-il voir peut-être une nécessité d'équilibre qui fait effort. Sans doute, au point de vue de notre existence, comme êtres sensibles et transitoires, nous ne saurions trop nous élever contre l'esprit de violence et de désordre qui nous menace ; et pourtant, il se peut que nos cris restent sans écho au-dessus de nos têtes, comme les plaintes d'un homme longtemps intempérant qui meurt enfin de réplétion.

CHAPITRE IX.

DE L'ORDRE FINANCIER DANS L'ÉTAT FÉDÉRATIF.

En finances aussi, le mal dont nous souffrons est l'impossibilité de vivre comme nous avons vécu. A cet égard, la question politique elle-même n'est qu'une complication secondaire. Quelle que fût la forme du gouvernement, dans les vieilles voies financières le fond, la cause du mal resterait la même. Changer la toilette du malade, ce n'est pas guérir la maladie. L'état social est arrêté dans ses sources de vie et de mouvement. L'impôt est impossible; l'emprunt est un impôt qui empire l'avenir. Il y a nécessité de revenir à un état de choses où le présent se paye et se liquide de lui-même. On ne peut y arriver qu'en dépensant moins, que par un système d'administration plus économique et par un régime militaire moins coûteux. Cette double économie doit devenir la conséquence de l'Etat fédératif.

La civilisation, par cela qu'elle est expansive, progressive, étend, multiplie les rapports, donne plus de vie et de mouvement aux affaires, complique incessamment le mécanisme social, ajoute toujours de nouveaux rouages, occasionne plus de frottement, et dépense et consomme plus d'hommes et d'argent. La civilisation sans doute accroît la richesse, mais elle coûte toujours plus à administrer; et dans un état centralisé comme le nôtre, où il faut tout généraliser, cette augmentation de dépense se faisant un chiffre croissant continu, vis-à-vis d'une augmentation de revenu susceptible du plus et du moins et qui peut ne plus être en rapport avec ce chiffre croissant, il est clair que ce manque de proportion doit une fois rompre l'équilibre et amener le trouble. C'est là le point où nous sommes arrivés; le gouvernement coûte trop; le pays est ici pour l'administration.

Notre civilisation est née derrière une haie de soldats. Que cette protection ait été un besoin, un prétexte ou une erreur, elle est devenue une contradiction trop forte de nos jours; ce qui ruine ne protége pas.

L'état social de trente-cinq millions d'intéressés se paye par un gouvernement de mille cinq cents millions de francs, c'est-à-dire par plus de quarante millions de francs pour un million d'hommes, ou quarante francs par tête. L'enfant dans son berceau ou le vieillard dans son lit coûte quarante francs pour être administré. Il n'y a pas d'état social à ce prix.

CHAPITRE X.

DE L'ADMINISTRATION DANS L'ÉTAT FÉDÉRATIF.

La vie politique fédérative coûte peu ; là les grands emplois se payent surtout avec de la considération. Dans les petits on choisit mieux les hommes et l'on obtient plus de services à moins de frais. Vivre de l'Etat n'est plus un métier, une sorte de droit au travail; on n'y est pas fonctionnaire de naissance.

L'Etat fédératif n'a pas la ridicule prétention d'être représenté. Les premiers magistrats des cantons suisses ne reçoivent que quelques milliers de francs. On n'est pas préfet ou ministre pour dîner. L'Etat fédératif n'empêche pas les uns de se réunir dans des clubs, et ne donne pas des fonds pour réunir les autres dans les salons. Il n'y a pas en lui deux nations; l'une qu'il faut gouverner et l'autre qu'il faut amuser; le pays a des magistrats et n'a pas d'amphitryons. Mais c'est ici une plaie de notre nature gauloise; sans batterie de cuisine et sans dentelles, le pouvoir nous semble incomplet.

Tout doit être simplifié, diminué, retrempé en administration. Les gros salaires et le grand nombre d'emplois sont les signes certains d'une démocratie non viable. Dès que le gouvernement, dès que la gestion publique est autre chose que l'intérêt arithmétique de tous et de chacun, la démocratie est faussée. Or, cette administration économique, sévère, probe, sans parenté et sans clientèle, n'est réalisable que sur place, que sous le contrôle et sous l'œil des intéressés.

CHAPITRE XI.

DU RÉGIME MILITAIRE.

Notre régime militaire est la plus grande contra-diction, le plus grand contre-sens à nos idées nouvelles. Inutilement par le progrès, par la civilisation, par la richesse et les exigences générales du bien-être, par la force ordonnée des choses enfin, la guerre se fait tous les jours plus anormale, plus difficile, plus impossible; nous ne voulons pas le croire. La guerre, l'expectative de la guerre est restée chez nous une idée fixe. Nous la voyons dans un coup de fusil, comme si toujours il fallait voir un incendie dans une allumette. Et voulez-vous une preuve que cette idée de guerre ne nous quitte pas, qu'elle nous obsède et nous conseille mal? il y a dix ou douze mois, il n'y avait pas en Europe vingt-mille hommes disponibles contre nous, ce qui n'a pas empêché le gouvernement d'alors de raisonner et d'agir, non pas comme si nous avions la guerre à faire (et dans un intérêt de bonne politique et d'humanité, peut-être on pouvait la faire), mais comme si nous avions la guerre à repousser. Avec toute l'estime qui lui est due, républicain de la veille, le général Cavaignac, certes, n'a pas été le diplomate du lendemain.

L'Europe ne peut pas et ne veut pas nous faire la guerre, mais elle se rappelle, elle dit : « Le Français est mobile et violent; il tourne vite et frappe fort; c'est un canon sur une girouette. » L'Europe n'est

pas belliqueuse, n'est pas ambitieuse. C'est abuser
de l'histoire que d'avoir aujourd'hui une opinion contraire; en rien le passé n'est l'avenir; tout le monde
veut la paix et voudrait rendre la guerre impossible.
On reste armé par peur de la guerre. Or, qui doit
donner des arrhes à la paix, à la sécurité commune?
évidemment, le pays le plus éminemment guerrier,
qui s'improvise aux batailles comme à une fête nationale, qui a promené ses vicissitudes militaires sur
la face du monde, laissant partout un nom respecté,
mais terrible. C'est donc la France qui doit donner
un grand exemple à l'humanité. Et le peut-elle dans
toutes les conditions? Elle ne le peut que par un
mode d'existence nationale qui l'asseoie, la fixe et
lui fasse connaître la liberté qui raisonne la gloire.
Un régime tel ne peut être que l'État fédératif, que la
démocratie au travail de son bien-être sur place. C'est
la centralisation, ce sont trente-cinq millions d'hommes dans la main du gouvernement, comme un projectile dans le tube d'un canon qui menacent l'Europe
et la tiennent dans le doute. La France, plus forte
chez elle, et d'une organisation moins prompte, moins
inflammable, commanderait la confiance, pousserait
partout à l'imitation, et en désarmant sans risque,
elle ferait mettre bas les armes en Europe à huit cent
mille soldats.

La France fédérative avec cent cinquante mille
hommes sur pied suffirait à tous les besoins de sa position; et avec des cadres pour deux fois autant, elle
parerait à tous les dangers et à toutes les chances
d'éventualité.

CHAPITRE XII.

DE LA COLONISATION.

Mais même l'assiette de l'État fédératif, la bonne influence de la presse, de l'esprit religieux, de l'esprit public, de l'esprit de famille, même la réforme du système administratif et du régime militaire, même toutes ces causes réunies, disons-nous, ne suffiraient pas à nous assurer dans des conditions d'ordre et de stabilité. Le présent serait soulagé, et non pas réellement garanti; nous n'aurions que retardé la date des complications. En dehors de leurs violences pratiques, les doctrines qui prétendent remédier à notre malaise, même consenties, même applicables, n'amèneraient qu'un soulagement passager. Elles satisferaient ceux qui se plaignent présentement et n'empêcheraient pas que de nouveaux venus n'eussent bientôt à se plaindre. La vraie difficulté n'est pas dans la position faite, mais dans la cause occulte, insaisissable, continue, qui amène et complique incessamment la position; nous sommes trop, nous sommes trop pour qu'il y ait partage suffisant; nous ne pouvons pas satisfaire aux conditions chrétiennes de notre existence en commun, aux obligations d'une juste fraternité sociale; nous ne pouvons pas présenter, aux légitimes exigences de tous, des chances et une certaine mesure de bien-être réalisable; nous sommes arrivés à l'embarras inextricable du trop-plein relatif.

Les populations non chrétiennes peuvent se resserrer dans leurs besoins, leurs jouissances, comme elles s'étendent dans leur population, et nous présenter ainsi l'exemple de la sociabilité chinoise; nous ne le pouvons pas; il y a chez nous un minimum d'existence au delà duquel la conscience crie. Ce minimum monte avec la civilisation. Un ouvrier qui sait lire, écrire, qui vit aussi par la tête, qui se rend compte, a plus que des besoins physiques, consomme autre chose que des aliments; et si dans ces conditions son travail n'est pas accepté, si la société ne peut pas le désintéresser, cet ouvrier est de trop, il est un danger. Dès que la société, en effet, ne peut pas assurer le minimum d'existence, il n'y a plus équilibre dans la civilisation, il y a réaction.

Sans doute, il ne s'agit pas ici du trop-plein absolu en regard de l'espace et des subsistances. L'homme de la civilisation, l'homme chrétien surtout n'est pas uniquement un être à repaître. Les économistes disent que la France peut contenir et nourrir une population double de celle qu'elle a; cela est mathématiquement possible, mais l'état social peut-il contenter, satisfaire cette population double; peut-il trouver pour elle et avec elle l'ordre, la règle et la durée? La question du trop-plein à cet égard est une question de rapport, de juxtaposition, de satisfaction suffisante, et cette question se montre dans les causes morales bien avant que de sortir de limites physiques.

Le Christianisme ne s'exagère pas jusqu'à l'égalité des intérêts et des positions. La société chrétienne peut même se suffire de la pauvreté, si cette pauvreté est commune ou n'est que relative ; mais elle repousse la violence des oppositions extrêmes grandissant toujours ; elle repousse l'excès du trop se faisant la cause de l'excès du trop peu. Or, cet effet a lieu dès lors que toutes les places sont prises, qu'il y a toujours plus nécessité pour beaucoup d'être mal et de ne pouvoir être mieux. Chacun, dans nos idées, doit pouvoir vivre de l'existence contemporaine. Ainsi, l'Angleterre, malgré son puritanisme, malgré la bonne influence de ses habitudes religieuses, on peut le dire, n'est pas une société politique suffisamment chrétienne. Le jour où le peuple anglais viendrait à se dire qu'il naît homme, qu'il est chrétien avant que d'être Anglais, et que hors de l'Église aussi il doit vivre dans un ordre de choses plus équitablement pondéré, ce jour-là, l'Angleterre, voulant rester et poursuivre comme elle est, tomberait violemment dans la question du trop-plein relatif. Trop de citoyens ne voudraient plus vivre d'aumônes, trop de volontés voudraient arriver là où elles ne peuvent pas atteindre, et probablement les difficultés se résoudraient par une révolution. Or, chez nous, nous avons passé trois fois par cette solution ; les révolutions à cet égard n'ont plus d'objet ; ce n'est pas la loi en France qui fait le riche, donc ce n'est pas la loi qui fait le pauvre ; il n'y a pas trop peu ici, parce qu'il y a nécessairement trop ailleurs. Le malaise, la gêne à vivre que nous éprouvons, qui nous menace, ne vient pas des vices ou des abus du pouvoir ; et d'autre part, cette gêne, ce malaise n'est pas un accident, un mal passager, un effet momentané des mauvaises passions; elle est une conséquence, une conséquence qui se fait chaque jour plus grave; il y a manque de place, manque d'air; il n'y a pas assez de tout ce qui est nécessaire, indispensable pour tant de demandes et pour tant d'exigences.

Monsieur Émile de Girardin, l'esprit le plus net, le plus logique, le plus indépendant, qui toujours demande ses idées aux faits et ne plie pas les faits à ses idées, a dit : « Le droit au travail pour nous est le droit d'être bien administrés. » Nous pensons comme lui, et nous avons simplement à dire ce que dans la matière nous entendons par être bien administrés.

Le droit au travail, c'est-à-dire, le droit de travailler pour vivre, de vivre en travaillant, ne peut faire doute; il est écrit dans la conscience. Mais cette expression, droit au travail, a paru trop péremptoire d'un côté, et on l'a remplacée par droit à l'assistance de l'autre. Or, la difficulté ici n'est pas dans les définitions; droit ou devoir ont les mêmes inconvénients, amènent les mêmes résultats. Lorsque cent mille ouvriers seront jetés sur le pavé par le manque de travail, ils se lèveront au nom du droit de vivre. Le droit de vivre est ici le vrai de la question; la diversité des mots ne lui a rien ôté; le droit au travail semblait trop fier ; le droit à l'assistance n'est pas moins menaçant.

Le travail est représenté par le salaire, et le salaire s'établit sur une certaine durée de travail. La loi fixe cette durée à douze heures par jour. Pour vivre et pour dormir douze heures, l'homme doit travailler douze heures. Il y aurait peut-être à se demander avant tout si même alors le salaire est suffisant à la vie. Pour simplifier, supposons qu'il le soit, et faisons porter la question toute sur la durée du travail.

Douze heures par jour, même de la part d'un homme assuré contre les accidents du corps, serait trop; c'est plus qu'on ne demande à la bête de somme. Supposons donc qu'au nom du droit des gens, de l'humanité, de notre civilisation chrétienne, on fît, pour la traite du travail, ce qu'on a fait pour la traite de l'esclavage, et que l'Europe, d'un progrès assez similaire, assez identique en toutes choses, fixât partout d'un commun accord la durée du travail à huit heures par jour; il est évident que la production et la consommation seraient brusquement interverties. Admettant que les entrepreneurs, les chefs d'établissements prissent sur leurs bénéfices tout ce qu'ils pourraient prendre pour froisser le moins possible les anciens rapports du marché, toujours resterait-il qu'on payerait plus cher ce qui aurait coûté plus cher à créer. Qu'ainsi on achèterait moins, qu'on produirait moins, et que conséquemment on emploierait moins d'ouvriers. Les uns seraient mieux, mais ceux qui ne seraient pas mieux seraient pires. Enfin, comme dernière et plus large supposition, admettons que sans grande perturbation, de nouveaux procédés, d'heureuses simplifications dans les moyens de produire pussent, en absorbant tout le travail offert, ramener la production et la consommation à ce qu'elles

étaient lors du travail de douze heures, et ainsi à un
état de choses plus satisfaisant. Cette juxtaposition
momentanément obtenue, chaque jour la menace-
rait, la compliquerait. Les hommes arrivent plus vite
que les capitaux ; les travailleurs plus promptement
que le travail ; la population croît plus nécessairement que la consommation ; la civilisation donne
trop de naissances, produit trop d'hommes ; avant
peu, il y aurait trop de producteurs inaptes à con-
sommer. La société retomberait dans la gêne, dans
l'engorgement de la concurrence. L'État serait de
nouveau interpellé, on lui demanderait le droit de
travailler pour vivre ; on lui dirait, en d'autres termes, que seul il peut produire à des conditions oné-
reuses, parce que seul, ce qu'il perd comme produc-
teur, il peut le prélever en impôt, comme gouvernement. Le droit au travail se ferait la taxe des pauvres sous un autre nom.

Quelle que soit l'organisation du travail et la fraternité sociale de l'État, la force des choses amènera
toujours le même résultat. Du moment que l'industrie nationale n'absorbe pas librement tout le chiffre
du travail offert, et il vient un moment où elle ne
peut pas l'absorber, la question du droit au travail
n'est soluble que si elle n'a pas d'application sur
place, que si elle s'exporte. La sollicitude du gouvernement consiste à juger le rapport de l'offre et de
la demande, à le suivre, à le maintenir, à le faciliter
autant qu'il peut, mais dès que ce rapport est rompu,
alors que le droit au travail se fait le cri de la faim
et de la misère, il doit intervenir activement, il doit

administrer. Ce n'est pas le canon ou la baïonnette, ce n'est pas la règle ou le niveau à qui il faille alors demander l'ordre et la sécurité; seul le siphon peut aider et ramener l'équilibre par le soulagement. A ceux qui se sentent mal et qui ne peuvent pas être mieux, il faut présenter ailleurs les chances de bien-être qui n'existent plus chez nous, et déverser ainsi profitablement pour tous un trop-plein de besoins, de forces et de volonté qui menace la civilisation dont il est sorti. Il faut ouvrir l'écluse, car on ne peut pas atteindre la source; il faut écouler la France, car on ne peut pas fermer les écoles primaires.

L'économie résultant de la réforme administrative et militaire, sans s'être rien exagéré, irait aisément au delà de trois cents millions par an. Or les personnes versées dans tous les détails de l'établissement sur le sol américain sont convaincues que, par un système de colonisation bien entendu, devenu une spécialité administrative et pratiqué avec les facilités d'un gouvernement comme celui de la France, une somme annuelle de vingt-cinq millions suffirait à l'entier établissement de quatre-vingt mille individus. Dans ces conditions, la colonisation n'aurait ni les inconvénients, ni les mécomptes, ni les répugnances d'émigrations partielles, isolées. Elles seraient une mesure, une obligation du gouvernement satisfaisant au droit au travail sans danger; et si même, pour accomplir cette grande tâche, cet acte de sage politique et de fraternité sociale, si, pour assurer et faciliter ses heureuses conséquences en France et ailleurs, il y avait nécessité de dépasser le chiffre de dépense supposé , ce ne serait certes là qu'un inconvénient minime; jamais dépense n'aurait été plus salutaire et plus productive.

Hors de cette voie, hors d'un système légal d'écoulement régulier, chaque jour se complique de demain, chaque jour le malaise recrute, et nous avançons toujours plus dans l'impossibilité d'être bien. Sur place, rien ne peut ou satisfaire, ou arrêter le mouvement. Sans issue extra muros, les doctrines socialistes menacent l'ordre social ; dès leur apparition, elles partagent la société en deux moitiés, et il est aisé de préjuger l'avenir, car du côté des riches il n'y a pas des pauvres, et du côté des pauvres il y a des riches. Sans issue, le socialisme reste progressivement révolutionnaire.

CHAPITRE XIII.

CONCLUSION.

La France, nous le savons, manque d'initiative; elle ne saura pas se résoudre à temps, elle restera ce qu'elle est, elle poursuivra une et indivisible, se débattra, s'usera dans le plus ou le moins de contradictions et d'impossibilités, et point assez maîtresse d'elle même pour vouloir dans une autre voie. Après tant d'essais, après soixante ans de va et vient révolutionnaire et réactionnaire, nous ne pouvons plus être ce que nous avons été, et nous ne savons pas devenir ce que nous devons être. Nous cherchons toujours; nous demandons à l'inconnu ce qu'il ne renferme pas; découragés, déçus, nous nous laissons aller à toutes les improvisations, à toutes les ondulations du mouvement, nous bornant à demander à chaque vague d'être la dernière. Notre initiative s'arrête à des lieux communs, à des banalités, à de petits moyens. Aujourd'hui nous demandons notre salut à la peur ; nous répétons sans cesse que la famille est menacée, que la propriété est atteinte, et nous nous croyons sauvés. Que dire d'un médecin qui, pour relever le moral de ses malades, viendrait leur dire que la peste est dans la maison ? Comme condition de salut, nos ministres ajoutent que le gouvernement de la liberté est impossible avec la presse, avec des clubs, avec des réunions, c'est-à-dire que le gouvernement de la liberté est impossible par la liberté, et ne comporte qu'un certain chiffre de liberté ; que la liberté est une fraction dont le pouvoir est le dénominateur, et qu'il ne peut y avoir dans le monde que le plus ou moins de non-liberté. Ailleurs on ne raisonne pas ainsi. En Angleterre et en Amérique, on ne fait pas de casuisme politique ; là, la liberté décrédite la licence, comme l'usage décrédite l'abus. Il n'y a que des faits à punir, des abus matériels de la liberté à réprimer. Mais, dites-vous, avant de se décréditer, la licence, en France, peut amener un bouleversement ; s'il en était ainsi, et nous ne le croyons pas, quoi la rend si redoutable et lui donne une puissance telle ? c'est au système unitaire, c'est à la centralisation à répondre. Il n'est facile d'empoisonner trente-cinq millions d'hommes que parce qu'ils viennent tous boire au même puits. Et, pensez-y, si la centralisation facilite et rend tout d'abord le désordre si menaçant, elle fait plus facilement encore sortir la révolution de la compression. Ce n'est donc pas la chose, ce n'est pas la liberté qu'il faut atteindre, c'est l'ordre dans lequel elle se meut qu'il faut modifier; c'est le milieu dans lequel elle respire qu'il faut détendre.

Et, laissée à ce qu'elle est, laissée aux prises avec elle-même, qu'est-ce que la France deviendra? On pourrait dire que, malgré ses grandes qualités, ses instincts admirables, sa vive spontanéité, et ce besoin de bien-être et de jouissance qui plus particulièrement pour elle fait du désordre une chose contre nature, la France peut tomber dans une anarchie chronique, dans une agitation stérile, force sans point d'appui, réaction sans création suffisante; qu'elle peut mettre sa civilisation en liquidation, et vivre de la vie secondaire sans gloire et sans grandeur, peuple nombreux et non plus un grand peuple; qu'elle peut enfin, dans d'autres conditions, s'affaisser comme l'Espagne, comme l'Amérique du Sud, comme pendant tant de siècles l'Empire romain et l'Empire d'Orient. Nous ne voulons pas croire à cette décadence; la nation française, la plus impressionnable, la plus électrique, la plus révolutionnaire, si l'on veut, est aussi la moins propre à s'effacer; il faut qu'elle vibre, qu'elle rayonne, qu'elle entende parler d'elle. A tout prix, violemment, le génie national ferait effort, et bon gré, mal gré, se placerait dans ses conditions naturelles de force supérieure.

Sans doute, la question sociale qui se débat au milieu de nous a un caractère de grave éventualité. Ce n'est pas la première fois que l'existence des sociétés a été atteinte, bouleversée à notre point de vue, et peut-être seulement remaniée à un autre point de vue. L'etat social du vieux monde a eu ses perturbations, ses rénovations. Nous restons froids aujourd'hui au déchirement de ces crises ; nous n'entendons pas les plaintes des générations éprouvées, nous expliquons, nous voyons les conséquences. Il fallait que le monde arrivât à une configuration plutôt qu'à une autre pour subir sa plus grande transformation et féconder la régénération du Christ. Depuis, d'au-tres obstacles, d'autres efforts, d'autres destructions ont dû payer la marche ascendante de l'ère chrétienne, toujours destructive, parce que toujours elle était régénératrice. Les passions et les impatiences des hommes n'ont pu compromettre ou faire renier les résultats; et aujourd'hui, peut-être, touchons-nous à cette limite où la société est nécessitée de se donner une pondération nouvelle.

Il serait difficile, en effet, de ne pas reconnaître que le mouvement humanitaire de nos jours dépasse la volonté de l'homme et semble venir ou être consenti de plus haut. A défaut de foi, la raison ici parlerait comme elle. Parmi les hommes, par exemple, plus de ces grandes inégalités, de ces puissantes exceptions qui se font centre, qui se font suivre et arrêtent ou jettent l'humanité dans la voie d'un seul. Le mouvement nous a nivelés, comme le flot arrondit les cailloux. L'Europe est couverte d'une poussière d'hommes... La force, l'énergie, la volonté, l'initiative, elles sont aujourd'hui dans la foule : tout le monde, voilà la seule supériorité suffisante. Dans les hautes positions politiques, personne n'est à sa place, n'est à la mesure des nécessités de sa position. Un seul souverain est ce qu'il devait être pour les conditions exceptionnelles où la Providence l'a placé, l'Empereur de Russie. Ailleurs nous sommes frappés des signes infaillibles et comme prémédités d'une débilité expirante ; ailleurs, médiocrité d'autant plus sévèrement condamnée que tout a grandi autour d'elle pour la juger. On dirait que ce n'est pas seulement aux yeux des hommes que la royauté a fait son temps, et que ce Dieu durant tant de siècles invoqué à son aide s'est fatalement détourné d'elle.

Plus près de nous, le mouvement progressif de l'existence suffisait même à nous faire pressentir le conflit. Nous avions épuisé toutes les conditions du passé de la vie sociale ; nous marchions à autre chose. Le progrès continu, surexcité, des lumières et de la richesse grandissait sans cesse un résultat contradictoire ; il rapprochait les intelligences, et opposait les intérêts ; l'homme était plus près de l'homme, et le pauvre toujours plus relativement éloigné du riche. Il y avait déjà trop d'esprit pour qu'il pût y avoir résignation. Une fois le raisonnement devait en appeler au nombre. Cette réaction, on pourra la mal comprendre, la compliquer ; rien ne saurait s'en rendre maître : plus de foi, de barrière, de prestige, de fiction ; l'état social s'est fait une réunion d'actionnaires. Le monde n'appartient qu'à lui-même, qu'à la force propre qu'il engendre. Où va-t-il ? Sera-t-il mieux ou pire ? Nul ne peut le dire. Mais nous savons que du fait des hommes, les nations ne meurent plus, et qu'ici il y a réaction dans l'état social et non pas destruction de la société.

La démocratie veut refaire, et chaque jour elle ressemble davantage à la force des choses; et plus forte chaque jour, nous devons craindre qu'elle se fasse plus violente. Le temps de la nier ou de la repousser est passé, et le besoin, le grand intérêt du moment, c'est de l'accepter, de lui faire sa place, de la discipliner; c'est de trouver et de féconder son esprit de conservation. Ses exagérations nous effrayent; il faut mettre à nu ses exagérations en leur enlevant le principe de vérité qui fait leur force, et se servir de ce qui est vrai pour décréditer ce qui ne l'est pas. Si même la transition qui nous oblige est une nécessité d'ailleurs, si elle est une épreuve qui vient de la destinée, nous devons faire tous nos efforts et n'épargner aucun sacrifice pour la dégager de la violence qui vient des hommes. Nous devons résister de toute la supériorité de notre raison, de toute l'autorité de notre expérience; et ici, résister, ce n'est pas combattre, ce n'est pas faire face, ce n'est pas comprimer, c'est asseoir, pondérer, constituer. Pour la France, en termes pratiques, résister, c'est refaire le foyer, la famille, la vie locale, revenir au régime fédératif, c'est décentraliser, c'est enfin préparer ailleurs les conditions d'existence qu'on ne peut plus satisfaire sur place.

FIN.